Rolf-Bernhard Essig
Warum die Schweine pfeifen

Rolf-Bernhard Essig

Warum die Schweine pfeifen

*Wundersames aus der Welt
der Worte*

kiepenheuer

Für
Fritigild Essig,
Hannelore Schury
und
Wolfgang Mieder,
die Liebhaber
der Redensarten

ISBN 978-3-378-01101-4

Gustav Kiepenheuer ist eine Marke der
Aufbau Verlag GmbH & Co. KG

1. Auflage 2009
© Aufbau Verlag GmbH & Co. KG, Berlin 2009
Einbandgestaltung Henkel/Lemme
unter Verwendung einer Illustration von Michael Sowa
Druck und Binden Pustet, Regensburg
Printed in Germany

www.aufbau-verlag.de

INHALT

Ein gutes Schwein bleibt nicht allein.
Robert Gernhardt

I. Viel mehr als Perlen im Wortschatz

Einer Redensart verdanken Sarah und Stephan B. aus Kassel ihre Ehe. Nun ja, nicht ihr allein, aber entscheidend war sie doch. Beide standen – ohne sich zu kennen – in den Siebzigern vor einer schwierigen Entscheidung. Sie hätte in Göttingen oder in Kassel studieren können. Er hatte zwei Stellenangebote, eins in Kassel, eins in Rotenburg. Die Wahl fiel ihnen schwer. Da riet Sarahs Onkel ebenso wie Stephans Großmutter: »Ab nach Kassel!« Die alte Redewendung ging weder ihr noch ihm aus dem Kopf, so dass sie wirklich in diese Stadt zogen, wo sie sich dann in einem Café kennenlernten. Das erzählten sie mir im Sommer in Gießen bei einer Lesung aus meinem ersten Buch über Wundersames aus der Welt der Worte »Wie die Kuh aufs Eis kam«. Wenn Sie wissen wollen, warum man *Ab nach Kassel!* sagt, sehen Sie einfach auf Seite 19 nach.

Redensarten und Sprichwörter können eben viel mehr, als nur unsere Rede würzen. Sie können helfen, in schwierigen Situationen kühlen Kopf zu bewahren oder Mut zu fassen, sie können trösten, Rat geben oder einen aufbauen, weil in ihnen die Gedanken, vielleicht sogar die Weisheiten von Jahrtausenden stecken. Und nicht zuletzt wecken sie Erinnerungen an Freunde oder Verwandte, die bestimmte Sprichwörter oder Redensarten oft verwendet haben. Da brachte beispielsweise eine Oma ihre Enkelin jeden Abend mit den Worten zu Bett: »Gute Nacht, Marie, das Geld liegt auf der Fensterbank.« Die konnte sich nie einen Reim darauf machen, bis ich herausfand, dass es sich um ein leicht verändertes Zitat aus Kurt Tucholskys Lied »Wir drei, wir gehn jetzt auf die Walze« handelt und einen erotischen Hintergrund hat: Es geht um den Liebeslohn nach dem Sex. Als ich der Enkelin die überraschende Bedeutung des Gutenachtwunsches mitteilte, lachte sie nur. Es lässt sie nicht weniger liebevoll an ihre

Großmutter denken, wenn sie wieder einmal »Gute Nacht, Marie« zitiert. Im Gegenteil, jetzt kann sie darüber nachsinnen, ob die Oma vielleicht selbst mal ein echter Feger war, ob sie sich einen Spaß mit der Enkelin erlaubte oder einfach nur an der Liedzeile Gefallen fand.

Man sieht, selbst Miss- oder Unverständnisse haben schöne Ergebnisse. Und mir geht es ja nicht darum, oberlehrerhaft weit verbreitete Sprachfehler auszumerzen. Stattdessen will ich Sprachfreude verbreiten, Erinnerungen und Neugier wecken. Es gibt schließlich so viel neben dem Bekannten und Vielzitierten. Jede Region hat ihre eigenen Redewendungen, oft sogar jeder Ort. Familien und Freundeskreise bilden häufig sehr private Formeln aus, Kollegen prägen in Betrieben eigene Redensarten. Dazu entsteht täglich neu Sprichwörtliches, nach dem ich dann immer wieder gefragt werde. Es zu erklären fällt mir manchmal schwer.

Wissen Sie beispielsweise, was *19-Zoll-Gespräche* sind oder warum *jeder ein totes Pferd hat*? Im ersten Fall brachten mich Techniker auf des Rätsels Lösung: Es handelt sich bei den 19 Zoll um das standardisierte Einbaumaß für Elektrogeräte, was Fachleute der Elektrobranche und Wissenschaftler, die mit elektronischen Geräten arbeiten, wissen. Deshalb bezeichnet der Ausdruck 19-Zoll-Gespräche einerseits Expertenrunden, andererseits immergleich oder vorhersehbar ablaufende Gespräche.

Und das tote Pferd? Das hat mit den Indianern zu tun, mit denen wir noch immer Wildwestromantik und Weisheit verbinden. Man findet kaum einen Sprüchekalender oder ein Zigarettenpapierheftchen ohne indianische Weisheit. Ob die Sprüche wirklich immer von den Navajo, Apachen, Cree, Dakota oder Lakota stammen, ist fraglich. Das merkt man schon an den oft wechselnden Zuschreibungen für dieselben Zitate. Häufig erfanden nichtindianische Autoren Prophezeiungen und Sprüche, die so klangen, als müssten sie direkt von den Lagerfeuern vor den Tipis stammen, wie etwa das kluge Wort, der weiße Mann werde irgendwann merken, dass man Geld nicht essen könne. Richtig ist der Inhalt in jedem Fall, schreibt man ihn aber den Indianern zu, verleiht ihm das eine besondere Tiefgründigkeit und würdevolle Exotik.

Das schöne Sprichwort vom toten Pferd nun hat es bis in Manager-, Unternehmensberater- und Pädagogenkreise geschafft, wobei es immer wieder variiert wird. Die Behauptung, jeder sei im Besitz eines Pferdekadavers, klingt sehr merkwürdig, wenn man nicht das ursprüngliche Sprichwort kennt, das dem Stamm der Lakota zugeschrieben wird. Angeblich sagten die: »Wenn du merkst, dass du ein totes Pferd reitest, steig ab.« Das versteht man auch jenseits der Prärie. Tatsächlich hält man ja nicht selten an Projekten, Handlungsweisen oder Mitarbeitern fest, obwohl man eigentlich längst weiß, dass es sinnlos ist. Man verdrängt die Tatsache, dass sich da etwas totgelaufen hat und beendet werden müsste. Die Wahrheit möchte man aber einfach nicht eingestehen. In dieser Situation sollte man an die Weisheit aus Kindertagen, »ein Indianer kennt keinen Schmerz«, denken, so rasch wie möglich einen Schlussstrich ziehen und das »tote Pferd« begraben.

Als sehr lebendig erweist sich dagegen mein Projekt, Redensarten und Sprichwörter zu erklären, sie zu verbreiten und ihre richtige Anwendung zu ermöglichen. Tausende habe ich kennengelernt, viele Hunderte überall im Land erklärt. Aber auch aus Frankreich, Brasilien, Tschechien und Norwegen erreichten mich Anfragen. Darunter war eine, die diesem Buch den Titel gab: Warum sagt man eigentlich *Ich glaub, mein Schwein pfeift!*?

Die Redensart kenne ich seit meiner Kindheit. Über ihre Herkunft hatte ich vorher nie nachgedacht. Nach ein paar Recherchen kann ich festhalten: Es handelt sich um den Endpunkt einer ganzen Reihe interessanter Überraschungs- oder Empörungsausdrücke. Am ältesten ist hier die Wendung: *Mich trifft der Schlag!* Gemeint waren die uns ja leider immer noch geläufigen plötzlichen und manchmal tödlichen Herzinfarkte oder Schlaganfälle.

Der Volksmund treibt gern mit Entsetzen Spott und übertrug den Schicksalsschlag auf alltägliche Überraschungen. Genauso groß ist sein unstillbares Vergnügen an Veränderungen. Schließlich möchte man nicht immer dasselbe sagen, sondern sich witzig zeigen und geistreich. So entstand die Form: *Ich glaub, mich tritt ein Pferd*. Wie in allen weiteren Wendungen kann auch in dieser das »Ich glaub« wegfallen, weil es jeder im Geist ergänzt. Auch der Pferdetritt ist ja ein Schlag, ein kräftiger dazu, und war alles andere als ausgeschlossen in Zeiten, da die Tiere die Fortbewegung auf dem Land und in der Stadt bestimmten. Mit dem Wandel der Verkehrsmittel kam es zu *Ich glaub, mich streift ein Bus!* Das tierische Erstaunen allerdings blieb in alten Wendungen wie *Ich glaub, mich laust der Affe!* lebendig. Affen begleiteten Drehorgelspieler nicht nur in Berlin, dort aber entstand die Redensart. Die possierlichen Tierchen wurden einerseits zum Geldeinsammeln eingesetzt, andererseits um die Menschen zu unterhalten. So ließen ihre Besitzer die Affen manchmal einem Zuschauer auf die Schulter springen, wo sie begannen, in dessen Haaren herumzusuchen, als wären dort Läuse zu finden. Das brachte denjenigen in eine peinliche Situation, die Umstehenden jedoch zum Lachen. Übrigens lausen die Affen sich gar nicht, sondern pulen einander salzhaltige Hautschüppchen aus dem Pelz.

Vor etwa vierzig Jahren jedenfalls gab es bei der Neuentwicklung von Sprüchen kein Halten mehr. Immer neue Varianten entstanden, die Überraschung ausdrücken sollten: *Ich glaub, mein Hamster bohnert!*, *Ich glaub, mich knutscht ein Elch!*, *Ich glaub, mein Hund spielt Halma!*. Das endete fast zwangsläufig bei einem der beliebtesten Redensartentiere – dem Schwein. Zwar quieken Schweine, sie schreien manchmal und grunzen natürlich, aber pfeifen können sie nicht, weshalb sich die Redensart für den Ausdruck des Erstaunens exzellent eignete.

Das Sprachbild vom pfeifenden Schwein zeigt, wie einfach es ist, sich anschaulich und unterhaltsam auszudrücken. Es handelt sich um eine der unzähligen Perlen in unserem Wortschatz, mit denen wir das graue Alltagsgewand unserer Sprache schmücken können.

Spätestens mit den Achtundsechzigern kritisierten viele Intellektuelle und Pädagogen allerdings Sprichwörter und Redensarten als autoritär. Schließlich hatten die Nazis sie mit Vorliebe verwendet, um »Volksgenossen« sowie die Gegner des Regimes auf Kurs zu halten, zu maßregeln, zu manipulieren oder zu verhöhnen. Bekannt sind die Sprüche an den Toren einiger Konzentrationslager wie »Arbeit macht frei« oder »Jedem das Seine«. Selbst klassische Bildungszitate wie das von Horaz benutzte man im »Dritten Reich«, um die »Wehrkraft« und die Opferwilligkeit zu steigern: »Dulce et decorum est pro patria mori« (»Süß und ehrenvoll ist es, für das Vaterland zu sterben«). Die Kritik ging vor vierzig Jahren aber noch weiter, denn man betrachtete das Bürgertum mit seinen strengen Regeln insgesamt argwöhnisch. Und dass diese oft mit Hilfe von Redensarten und Sprichwörtern verbreitet wurden, war ein Grund mehr, ihnen zu misstrauen.

Heute sehen wir zum Glück, dass es natürlich auf den Gebrauch der Worte ankommt. Und man erkennt immer deutlicher die positiven Auswirkungen von Redensarten und Sprichwörtern auf unsere Psyche. Sie können nämlich Unterstützer und Trostspender im Alltag oder in Notsituationen sein. Nicht umsonst haben sich einzelne Menschen, Adelsfamilien und ganze Staaten früher Wahlsprüche, Mottos und Lebensregeln gesucht. Das heißt nicht unbedingt, dass jeder Schotte immer so »firm« ist, also stark, widerstandsfähig, fest in seinen Auffassungen, wie es im schottischen Wappen steht. Es handelt sich vielmehr um ein erstrebenswertes Ziel, das man sich setzt. Wer sich »Üb immer Treu und Redlichkeit« als Motto aussucht, hat einen klaren Orientierungspunkt im Leben, selbst wenn es manchmal nicht hundertprozentig umzusetzen ist. Bei weit über 200 000 Sprichwörtern und Redensarten allein im Deutschen herrscht kein Mangel an bedenkenswerten Wahlsprüchen.

Die »Weisheit auf der Gasse«, wie man früher unseren Schatz an geflügelten Worten, Redensarten und Sprichwörtern nannte, taugt in fast allen Lebenslagen dazu, unser Handeln zu bestärken: weniger als Direktive, die einem vorschreibt, was man tun muss, mehr als Ermunterung, Begleitung, Förderung und Bekräftigung. Untersuchungen zur psychischen Wirkung von Sprichwörtern haben ergeben, dass Menschen mit Hilfe der passenden redensartlichen Begleitung einmal gefällte Entscheidungen viel leichter umsetzen können. Es ist so, als unterstützten einen die Worte selbst und die Erfahrung der Generationen vor einem, die sie im Munde führten. Schon Schiller wusste: »Wenn gute Reden sie begleiten, dann fließt die Arbeit munter fort.« Das gilt genauso für sprichwörtliche Redensarten, die oft genug sehr unterschiedliche Aussagen haben oder einander widersprechen. Was daran liegt, dass sie stets auf eine bestimmte Situation bezogen sind. Dass Redensarten Trost bieten können und Unterhaltung, versteht sich von selbst. Ein lockeres »Nimm's leicht!« kann in manchen Situationen wirklich erleichtern, ein bedauerndes »Weine nicht über verschüttete Milch!« wirklich trösten.

Wenn man das Buch der Sprichwörter gelesen hat,
macht es keine Mühe, gut zu reden.
Mongolisches Sprichwort

II. Immer in Bewegung bleiben

Siebenmeilenstiefel und »babysteps«

Schon die harmlose Frage »Wie geht's?« zeigt es: Wir verstehen unser Leben als eine Art Reise, die glatt- oder auch schiefgehen kann, die kurz oder lang dauert, durch Wüsten führt oder ins Schlaraffenland. Und wie bei jeder Reise geht es darum, was einen antreibt und wie man sie gestaltet. Wird man getrieben oder fühlt sich auf der Flucht? Plant man seinen Lebensweg im Voraus? Oder ist man in der beneidenswerten Lage, wie ein Schmetterling von einer Blume zur anderen zu flattern, ohne sich Sorgen um die Zukunft machen zu müssen?

Das Unterwegssein bestimmte schon immer unseren Alltag. Seit wir als Jäger und Sammler Beute und Beeren suchten, ist die Mobilität für uns überlebenswichtig. Heute haut man uns erst recht die Forderung um die Ohren, flexibel und beweglich zu sein. Da heißt es dann: »Stillstand heißt Rückschritt!« Der englische Begriff für den ewigen Konkurrenzkampf um die beste Position lautet *the ratrace*. Er beschreibt gut dessen Unerbittlichkeit und grausame Lächerlichkeit, da er sich auf das sinnlose Hinundherlaufen der Laborratten bezieht, die bei aller Anstrengung ihrem Schicksal doch nicht entkommen können. War es erst ein Begriff für fruchtlose Bemühungen, verwendet man »ratrace« heute vor allem als Synonym für ein hektisches Berufsleben. Unser Wort »Laufbahn« für den beruflichen Werdegang ist nicht so weit davon entfernt, und schon im Barock schrieb Andreas Gryphius: »Dies Leben kömmt mir vor als eine Rennebahn.« Kein Wunder also, dass es so viele Redensarten und Sprichwörter gibt, die mit Bewegung zu tun haben.

Dabei wäre ein Innehalten von Zeit zu Zeit genauso wichtig. Ob man an die verbreitete Vorstellung denkt, man müsse der Seele nach einer Reise Gelegenheit geben nachzukommen oder an die vielen Ratschläge, nichts zu übereilen. »Festina lente« hieß es im Lateinischen, was wörtlich »Eile langsam!« zu übersetzen ist, schön gereimt übertrug man es als *Eile mit Weile* ins Deutsche. Und so ist es mal Zeit für die märchenhaften *Siebenmeilenstiefel*, also für das stürmische Vorpreschen aufs Ziel. Ein andermal sollte man lieber das therapeutische Konzept der *babysteps* ausprobieren, wenn einem das Ende des Weges geradezu unerreichbar erscheint. Unterteilt man die Strecke hingegen in viele kleine Babyschritte, lässt sich jeder einzelne bewältigen, und alle zusammen bringen einen auch ans Ziel.

Zwischen den großen Sprüngen und den Trippelschrittchen gibt es dann aber noch das Schlendern, das Marschieren, das Wandern und viele weitere Gangarten. Aufs angemessene Gehen kommt es im Leben also an, und dabei wollen Sprichwörter und Redensarten eine Hilfe sein.

Mitgegangen, mitgefangen, mitgehangen.
Deutsches Sprichwort

Steine als Rockstars

Mit gut dreißig hätten sie sich schon auf die faule Haut legen und von ihren Tantiemen luxuriös leben können. Stattdessen tourt die berühmteste Rockband der Welt unentwegt um den Globus, um Konzerte zu geben; über zweitausend sind es seit dem ersten Auftritt 1962. Deshalb findet man sie noch mit über sechzig regelmäßig auf dem Cover des Musikmagazins »Rolling Stone«. Ach ja, es ist die Rede von der Band »The Rolling Stones«.

Wer oder was brachte die berühmtesten Steine der Welt ins Rollen? Bob Dylans Evergreen »Like A Rolling Stone« kommt einem in den Sinn oder der Soul-Klassiker »Papa Was A Rolling Stone«, der die »Temptations« auf die Spitzenposition der US-Charts ka-

tapultierte. Aber Dylan komponierte seinen Song 1965, und die
»Temptations« sangen erst 1972 vom Felsbrocken. Stattdessen bezog sich der Stones-Gitarrist Brian Jones bei der Namenswahl
1962 auf eine Zeile des Muddy-Waters-Songs »Mannish Boy«, in
der es heißt, »I'm a rollin' stone«. Angesichts dieser Geröllhalde
in der Rock- und Soul-Musik kann man sich schon ein bisschen
wundern.

Stein des Anstoßes war ein griechisches Sprichwort, das sich
wegen einer beliebten Sammlung des einflussreichen Erasmus
von Rotterdam in allen europäischen Sprachen verbreitete und
von hier aus in die Rockmusik gelangte: »Lithos kylindomenos
to phykos ou poies.« Auf Deutsch heißt das: »Ein rollender Stein
setzt kein Moos an.« Das entspricht genau dem bekannten deutschen Sprichwort: »Wer rastet, der rostet.« Auf Englisch blieb
es wörtlich erhalten: »A rolling stone gathers no moss.« Zwar
wird immer wieder behauptet, es sei eine japanische, chinesische
oder arabische Weisheit, doch solche Irrtümer kommen eben vor,
wenn man den Dingen nicht auf den Grund geht und keiner dem
Halbwissen Steine in den Weg legt. Und wer will da schon *den
ersten Stein werfen*? Diese Wendung stammt übrigens aus der Bibel. Jesus stoppt einen Mob, der eine Ehebrecherin steinigen will,
mit den Worten: »Wer unter euch ohne Sünde ist, der werfe den
ersten Stein auf sie!«

Auf der Flucht

Als ich in Kindertagen den Spruch *Besser ein lebender Hund als
ein toter Löwe!* las, leuchtete er mir sofort ein. Das lag an meinen
größeren Brüdern, die zwei beziehungsweise zehn Jahre älter als
ich waren. Gegenwehr war hier sinnlos. So *ergriff ich das Hasen-
panier*, anstatt zu kämpfen, zumal ich die Hasen und ihren un-
berechenbaren Lauf sehr mochte. »Panier« ist ein altes Wort für
Feldzeichen oder Banner. Das Banner des Hasen ist seine Blume,

also die weiße Schwanzunterseite, die man besonders deutlich sieht, wenn er sich zur Flucht wendet, den Schwanz hoch erhoben, und *Fersengeld gibt.* »Fersengeld« war ursprünglich ein juristischer Fachbegriff, von dem man weiß, dass er auch bei Ehescheidungen eine Rolle spielte. Wollte eine Frau ihren Mann verlassen, so konnte sie das jederzeit tun, wenn sie ihm Fersengeld in Höhe von drei Schillingen bezahlte. Im 13. Jahrhundert übertrug man den Ausdruck auf die Flucht, denn wenn jemand abhaute, sah man nur noch seine Fersen und ein paar Staubwolken. Die naheliegende Idee, *sich aus dem Staub machen* komme ebenfalls daher, greift indes zu kurz. Vielmehr muss man zurückgehen in die spätmittelalterliche Zeit der hellen Heerhaufen, die auf dem Schlachtfeld mit ihrem Getümmel viel Staub aufwirbelten. Im Schutze dieser Wolken fand manch ein Hasenfuß die Gelegenheit zur Flucht und »machte sich aus dem Staub des Kampfes«. Das Desertieren galt als ehrenrührig, weshalb die Redensart lange einen negativen Beiklang hatte, der heute in den Hintergrund getreten ist. Heute findet man es weniger schlimm, *die Flinte ins Korn zu werfen.* Genau das taten Deserteure, die es satt hatten zu schießen und ihre Schießprügel deshalb lieber im hohen Getreide verschwinden ließen. Flinten waren auf der Flucht nur *ein Klotz am Bein,* was wiederum von den schweren Holzklötzen kommt, die man unruhigen Tieren *ans Bein band,* um sie am Fortlaufen zu hindern. Später verfuhr man mit Strafgefangenen ebenso. Noch heute gibt es in den USA die Kettensträflinge, ohne Klotz zwar, aber mit Fuß- und Handfesseln. Den legendären Freiheitsdrang des Doktor Richard Kimble in dem Film »Auf der Flucht« bändigen diese jedoch nicht. Er entkommt und beweist, dass man mit Hakenschlagen sogar der Wahrheit auf die Spur kommen kann. Sein Verfolger ist klug wie ein Fuchs, kapiert aber immer einen Moment zu spät, *wie der Hase läuft.* Am Ende erkennt er Kimbles Unschuld. Ein schöner Moment, in dem sich – sie sind bis zu diesem Moment ja Jäger und Gejagter – gleichsam *Fuchs und Hase gute Nacht sagen.* Weil früher beide Tiere menschliche Ansiedlungen mieden, bezeichnete man damit abgelegene Gegenden. Heute dagegen sind zumindest Füchse in großen Städten wie Berlin oder Hamburg fast schon alltäglich und lassen sich weder von der Polizei noch von extra eingestellten Stadtjägern in die Flucht schlagen.

Durch diese Gasse muss er kommen

Warum hatte er sich nur erwischen lassen? Wieso war er nicht weiter fortgelaufen? Und warum um Himmels willen hatte er es überhaupt versucht? Schlimmer als diese Strafe wäre auch der Militärdienst nicht gewesen!

So dachte im Jahre 1776 der preußische Infanterist Johann Ehrenfried Müller und hörte voll Angst die Trommel schlagen, mit der die Kameraden herbeigerufen wurden. Sie stellten sich in vorgeschriebener Weise auf. Widerlich, wie langsam das vor sich ging. Und er stand dabei, gefesselt, bloß in Hosen, mit kaltem Angstschweiß auf dem nackten Oberkörper. Er musterte die Mienen der anderen. Manch einer schaute mitleidig auf ihn, andere höhnisch oder sogar voll Vorfreude.

Dann baute sich der Korporal vor ihm auf und verkündete sein Vergehen – das Desertieren – und die Strafe – vier Runden. Er hatte also Glück im Unglück, denn das könnte er überstehen. Üblich wären viel mehr gewesen. Wahrscheinlich hatte man ihm geglaubt, dass er nur nach seiner kranken Mutter hatte sehen und gleich wiederkehren wollen.

Jetzt hatten die Soldaten eine Gasse gebildet, fünfzig rechts und fünfzig links. Der Korporal zog seinen Säbel, dann schlug wieder der Trommler, und die Prozedur begann. Langsam ging der Korporal rückwärts vor ihm her, die Spitze des Säbels auf seine Brust gerichtet, so dass er ebenso langsam gehen musste, obwohl er den Streichen gern entkommen wäre. Bei jedem Soldatenpaar, an dem er vorüberkam, sausten die Ruten nieder auf seinen nackten Rücken. Alle schlugen fest zu, denn Sergeanten überprüften es peinlich genau und bestraften die Mitleidigen. Schrecklich lange dauerte der erste *Spießrutenlauf*, unerklärlich fast, dass er alle vier überstand und überlebte.

Erst 1807 wurde die harte Züchtigung, die kurioserweise nicht als ehrverletzend galt, in Preußen abgeschafft, in Österreich sogar erst nach 1850. Da hatte das Spießrutenlaufen schon über dreihundert Jahre auf dem Buckel. Landsknechte hatten die Strafe eingeführt, allerdings hatten sie eine Gasse gebildet, um den Verurteilten mit ihren Spießen zu erstechen. Deshalb hieß es auch früher Gassen- oder Spießlaufen. Die Ruten waren also eine Abmilderung, weil man diese Prügelstrafe überleben konnte – sofern nicht zu viele Runden mit zu vielen Soldaten zu durchschreiten waren. Allerdings konnten es bis zu sechs Runden mit dreihundert Soldaten sein, und das drei Tage lang. Dabei starben praktisch alle Verurteilten, so dass das Spießrutenlaufen der Todesstrafe gleichkam.

> *Das Leben ist ein schweres Schädelweh auf einer belebten Straße.*
>
> Jiddisches Sprichwort

Ins kaiserliche Exil

Die Provokationen aus Preußen wollten sich die Franzosen 1870 einfach nicht mehr gefallen lassen. Was bildeten die sich eigentlich ein! Auch Kaiser Napoleon III. ließ sich von der aufgeheizten öffentlichen Stimmung mitreißen und erklärte Preußen den Krieg. So begann eine schicksalsträchtige Auseinandersetzung, bei der etwa 70 000 Soldaten und Zivilisten starben. Unerwartet verlor das vor dem Krieg als deutlich überlegene Militärmacht

18

eingeschätzte Frankreich eine Reihe von Schlachten, bis am 2. September 1870 bei Sedan ein riesiger Teil der französischen Streitkräfte kapitulierte.

Noch schlimmer war jedoch, dass Napoleon III. gefangen genommen wurde – was für eine Schmach für sein Land und für ihn. Von nun an galt er in seinem Heimatland wie in der deutschen Öffentlichkeit nur noch als Spottobjekt. In unzähligen Karikaturen machte man sich über ihn lustig. Besonders populär wurde eine, die ihn auf dem Weg in die Verbannung zeigte: Man sah den Herrscher über die Franzosen, den links und rechts der Chef des preußischen Generalstabs Helmuth von Moltke und der preußische Kanzler Otto von Bismarck flankierten. Am Wegesrand wies dem Franzosen eine Tafel den Weg, auf der »Cassel« (die damals gebräuchliche Schreibweise) stand und darunter die Textzeile: »Ab nach Cassel!« Der geschlagene Kaiser musste ins Exil nach Deutschland, auf das Schloss Wilhelmshöhe in Kassel. Und so entstand die beliebte Redensart: *Ab nach Kassel!*, mit der man jemanden verabschiedet, den man loswerden oder auf den Weg bringen will.

»Einspruch!«, werden jetzt manche Leser rufen, die eine hundert Jahre ältere Geschichte kennen: In den 1770er Jahren kämpften nämlich die aufständischen amerikanischen Kolonisten gegen ihr Mutterland Großbritannien, das ihnen zwar Steuern abverlangte, aber keine politische Vertretung gönnte. Weil nun England seine eigenen Landeskinder schon zu Tausenden auf Schiffen der Flotte zum Dienst gezwungen hatte, suchte man für den Krieg in Amerika nach ausländischen Söldnern. Sehr günstig bekam man sie in Hessen, wo der repräsentationsfreudige Fürst Ebbe in der Staatskasse hatte und deshalb seine Landeskinder zu Tausenden nach Übersee verkaufte. Presstrupps zogen über Land, holten Bauernburschen vom Feld und überhaupt jeden, der nicht rasch genug davonlief. Die armen Kerle brachte man dann zu Sammelpunkten, von denen der wichtigste Kassel war.

So weit klingt die Geschichte gut, schade nur, dass es aus dem 18. oder frühen 19. Jahrhundert keinen Beleg für die Kassel-Redensart gibt. Erst nach dem deutschen Sieg über die Franzosen taucht sie schriftlich auf, und dann gleich massenhaft.

Besser laufen als faulen.
Johann Wolfgang Goethe

Vorwärts immer, rückwärts nimmer

Das Warten hat im Februar 1519 endlich ein Ende, und Hernando Cortez kann aufbrechen. Acht Jahre ist es her, dass er mit Diego Velázquez Kuba in Besitz nehmen konnte. Doch nun geht es um weit mehr: um Mexiko, das Aztekenreich, Gold im Überfluss. Und Cortez ist der Leiter einer mächtigen Expeditionstruppe.

Mit elf Schiffen, mehr als 600 Männern, 16 Pferden und 14 Geschützen sticht er am 18. Februar 1519 in See und erreicht bald das mittelamerikanische Festland an der Mündung des Tabasco. Hier gründet er eine kleine Kolonie, die er Veracruz nennt. Eigentlich soll sie nur eine Etappe auf dem Weg nach Mexiko sein, doch die Männer haben inzwischen Wind davon bekommen, wie mächtig das Aztekenreich ist, das sie erobern sollen, wie weit der Weg durch unwegsamen Urwald, tödliche Sümpfe und über irreführende Wasserläufe. Angst macht sich breit und mit ihr Widerstand gegen ihren Anführer. Cortez spürt, dass eine Meuterei seiner Truppen droht, die rasch aufs sichere Kuba zurückkehren wollen.

Da entschließt er sich zu einer Tat, die klare Verhältnisse schafft. Er befiehlt einigen Getreuen, die Schiffe in Brand zu stecken. Halb ratlos, halb entsetzt sieht die Soldatenschar an Land ihre Fluchtpläne in Flammen aufgehen.

20

Da hält Cortez eine aufmunternde Rede, verspricht großen Ruhm und vor allem unendlichen Reichtum. Er erinnert an ruhmreiche Vorgänger wie die mutigen Frauen der trojanischen Flüchtlinge in Vergils »Aeneis«, Julius Cäsar und Wilhelm den Eroberer, die alle die eigene Flotte verbrannt hätten. Ohne die Möglichkeit zur Umkehr hätten sich ihre Kämpfer allein auf die vor ihnen liegenden großen Aufgaben konzentriert und Unerhörtes erreicht.

Die Männer hören es, schöpfen neuen Mut und brechen tatsächlich voller Tatendrang mit Cortez auf. Am 8. November 1519 erreichen sie Mexiko, wo sie den Aztekenherrscher Montezuma gefangen nehmen. Doch ihr Triumph dauert nur kurz: Querelen unter den Spaniern und ein Aufstand der Azteken führen zu Kämpfen, die fast zwei Jahre anhalten. Am Ende freilich kann sich Cortez als Herrscher des ganzen Aztekenreichs fühlen.

Diese dramatische Geschichte wurde immer wieder beschrieben und Cortez damit zu einer Berühmtheit. Und obwohl er nicht der Erste war, der *die Schiffe hinter sich verbrennen* ließ, verbreitete sich mit ihm die Redensart in alle europäischen Sprachen, um eine Tat zu beschreiben, mit der sich jemand zwingt, nur noch nach vorn zu blicken.

Mehr als Weisheit aller Weisen / galt mir reisen, reisen, reisen.
Theodor Fontane

Rudern, nicht trinken!

Mein Vater war in den Dreißigern ein paar Jahre lang Seemann. Zum Alltag gehörte es damals, das Rudern mit den Begleitbooten zu trainieren. Wenn die acht oder zehn Leute an jeder Seite *sich in die Riemen legten*, dann schrie der Steuermann: »Pullt, Leute! Wollt ihr wohl pullen!« Die Seemannssprache war damals und ist noch heute von vielen englischen, holländischen oder plattdeutschen Ausdrücken durchsetzt. »Pullen« heißt kräftig rudern, indem man die Riemen mit aller Kraft durchs Wasser zieht. Und deshalb meint man mit *volle Pulle* auch nicht heftiges Trinken, sondern etwas mit größtem Einsatz tun. Die Flasche dagegen nennt man »Pulle«, weil man das lateinische Wort »ampulla« für »Fläschchen« verkürzte. Wenn ein Kind aber pullt oder pullern muss, dann geht es um das Gegenteil von Trinken – ein lautmalerischer Ausdruck, der weder mit dem Pullen noch der Pulle etwas zu tun hat. Ach ja, die Riemen, an denen gezogen wird, heißen nicht etwa so, weil die Ruder mit Lederriemen befestigt waren, was ich bis vor kurzem noch dachte. Vielmehr entwickelte sich »Riemen« aus dem lateinischen Wort für »Ruder«, nämlich »remus«.

Ist der Ruf erst ruiniert

Am Beginn der großen Völkerwanderung in der Spätantike stand ein Einfall der Hunnen in ihre Nachbarländer. Die Kriegszüge des ursprünglich asiatischen Volkes nach Westen ließen Ende des 4. Jahrhunderts Hunderttausende durch das Römische Reich flüchten. Viele Stämme machten sich allerdings auch einfach auf die Socken, um nach Beute und besseren Lebensbedingungen zu suchen. Völker im eigentlichen Sinne waren das kaum, eher Gleichgesinnte, die sich mächtigen Heerführern anschlossen.

Kurz nach 400 brach eine gewaltige Gruppe auf, die mit dem Sammelnamen »Vandalen« bezeichnet wurde. Etwa 100 000 Menschen zogen los mit Sack und Pack, mit Kind und Kegel, mit Vieh und Wagen – von den Karpaten bis über den Rhein, ins heutige Frankreich hinein, über die Pyrenäen nach Spanien. Im Jahr 429 kamen schließlich immerhin noch etwa 80 000 von ihnen nach Nordafrika. Auf dem Weg gab es manche kriegerische Auseinandersetzung und immer wieder Plünderungen. Wie sollte sich die Menschenmasse auch sonst ernähren?

In Nordafrika machten sich die Vandalen unter ihrem König Geiserich die dortige Provinz untertan und gründeten das erste germanische Königreich auf römischem Boden – mit Genehmigung des römischen Kaisers Valentinianus III. Der Ehrgeiz Geiserichs reichte aber noch weiter: Tatsächlich gelang eine Abmachung, den Sohn des Königs und die Tochter des Kaisers zu vermählen. Dummerweise wurde Valentinianus III. jedoch ermordet, was den schönen Plan zu vereiteln drohte. Geiserich wollte das nicht hinnehmen, und so segelte er mit einer großen Flotte an die Tibermündung, um Rom einen Besuch abzustatten. Darüber, was genau in den vierzehn Tagen seines Aufenthalts in Rom im Jahr 455 geschah, gibt es sehr unterschiedliche Berichte. Seit dem späten Mittelalter behauptete man, die Vandalen hätten schrecklich gehaust, Kunstschätze geplündert, die Stadt willentlich und ohne Sinn und Verstand zerstört und sich als echte Barbaren aufgeführt. Frühere Quellen berichten allerdings, die Vandalen hätten sich mit Papst Leo I. darauf geeinigt, die Einwohner und die Kirchen zu schonen, und sich darauf beschränkt, vergleichsweise gnädig und ordentlich zu plündern.

Es brauchte dann noch einen Zufall, um diese Fußnote der antiken Geschichte als *Vandalismus* redensartlich zu machen – schließlich war es nicht das erste und nicht das letzte Mal, dass Rom geplündert wurde. Kurz nach der Französischen Revolution veröffentlichte der Bischof Grégoire de Blois 1794 seine Schrift »Rapport sur les destructions opérées par le vandalisme«, in der er das Wüten jakobinischer Gruppen gegen Kunstschätze geißelte und mit den vermeintlich barbarischen Taten der Vandalen verglich. Zwar bedauerte er kurz darauf, den Begriff *wie die Vandalen hausen* ins Gespräch gebracht zu haben, doch da war es zu spät. Und so sind die Vandalen zu ihrem schlechten Ruf gekommen, der ihnen zu Unrecht unterstellt, mutwillige Zerstörer fremden Eigentums inspiriert zu haben.

Der Weg ist das Ziel

Der Wanderer steht an einer Kreuzung im Wald und weiß nicht mehr recht weiter. Wohin soll er sich nur wenden? Es gehen drei Wege von hier ab. Wagenspuren führen in alle Richtungen, auch Hufabdrücke. Nun, es hilft nichts, er muss aufs Geratewohl einen der drei ausprobieren. Fröhlich schreitet er voran, doch nach zwei-, dreihundert Schritten steht er vor mehreren Holzstapeln auf einer kleinen Lichtung, an der der Weg endet. Nur dichter Tann liegt vor ihm. Er ist zum Glück nicht weit in die Irre gelaufen, so dass er nach kurzem Marsch zurück wieder an der Kreuzung steht. Erneut wählt er, wieder läuft er, wieder geht es gut voran, wieder stößt er, diesmal erst nach fünfhundert Schritten, auf Holz auf einer Lichtung und das Ende des Weges. Er seufzt und wendet sich um. Immerhin weiß er nun, welches der richtige Weg ist und dass er zweimal *auf dem Holzweg gewesen ist.*

Diese Holzwege lassen sich noch heute im Wald finden. Man schlägt sie links und rechts von den normalen Wegen durch das Gehölz, um die Bäume besser fällen zu können. Es handelt sich um Stichwege, Sackgassen, »dead ends«, die plötzlich aufhören. Wer auf dem Holzweg ist, macht also einen unnötigen Gang. Es sei denn, er ist ein Philosoph, denn die wissen um den Sinn der Abschweifung und dass selbst das Irregehen der Gedanken eine Kunst sein kann. Einer der großen deutschen Denker, Martin Heidegger, nannte deshalb eines seiner Bücher schlicht und provozierend »Holzwege«.

24

Ins Grüne

Es klingt nach einem spontanen und unbeschwerten Ausflug, wenn man sagt, man *unternehme eine Spritztour*. Man sieht es förmlich vor sich, wie in schneller Fahrt Dreck und Staub auf schlechten Straßen zur Seite spritzen. Die immer noch beliebte Wendung stammt aus Zeiten, lange bevor es Autobahnen und geteerte Wege gab, und hat nichts mit Doping bei Radprofis zu tun.

Vielmehr sagte man in der frühen Neuzeit, wenn eine Gruppe von Leuten plötzlich in alle Richtungen floh, sie »spritzten« davon; vor allem im militärischen Bereich. Dass eine Masse auseinanderspritzt oder dass man eine Versammlung sprengt, ist ja heute noch geläufig.

Studenten übertrugen im 18. Jahrhundert den Ausdruck »spritzen« von der plötzlich flüchtenden Menge auf einen improvisierten Ausflug. Den verknüpften sie dann ironisch mit »Tour«, was doppelt gemoppelt »Ausflugsfahrt« bedeutete.

Der beste Platz

Der Pferderennsport wurde in England nicht erfunden – schließlich ritten die alten Griechen schon so manche Mähre zuschanden –, aber dort wurde er im 19. Jahrhundert zur Massenbelustigung. Eine Pferderennbahn bestand damals meist aus einem weiten und ebenen Rasenplatz, auf dem ein hölzernes Geländer ein Oval markierte. Um das herum rannten die Pferde. Vor dem Rennen loste man um den besten Startplatz. Wer hier gewann, der durfte *die Poleposition einnehmen*. Das war die Position direkt beim Holzpfosten, der auf Englisch »pole« heißt. Das Pferd lief also auf der vorteilhaften, weil kürzeren Innenbahn. Die Übertragung auf die beste Startposition beim Motorsport ergab

sich, weil die Rennfahrer zuerst auf Pferderennbahnen ihre Wett-
fahrten austrugen.

Der unermüdliche Graue

Als ich in Jugendtagen mit Freunden zu einer längeren Wande-
rung aufbrach, riet mir mein Vater, auf gutsitzende Unterhosen
zu achten, die ich außerdem regelmäßig wechseln sollte. Ich
könnte mir sonst leicht *einen Wolf laufen*. Weil er mir die väter-
lichen Ratschläge vor den Freunden gab, war mir das doppelt
peinlich.

Seine Sorge war allerdings berechtigt, denn aufgeriebene, ent-
zündete Oberschenkelinnenseiten können einem eine Wande-
rung zur Qual werden lassen. In schlimmen Fällen reicht die Rei-
zung der Haut bis tief ins Gewebe und tut höllisch weh, wie ich
aus Berichten deutscher Soldaten weiß, die im Zweiten Weltkrieg
manchmal Tausende Kilometer zu Fuß zurücklegten.

Im Deutschen spricht man in diesen Fällen von einem »Wolf«
oder dem »fressenden Wolf«. Wie beim Krebs, der sich gefräßig
ausbreitet, sah man im Volksmund bei diesen Hautkrankheiten,
die großflächige Zerstörungen anrichteten, eine schlimme Gier
am Werke. Die Krankheit fraß gesundes Gewebe, wie ein Wolf
seine Beute verschlang. Es lag nahe, die Bezeichnung auf das früher häufige Wundsein zwischen den Oberschenkeln zu übertragen, das durch mangelhafte Hygiene und Reiben von Haut auf
Haut oder Stoff hervorgerufen wird. Dass der Wolf selbst ein
ausgezeichneter Läufer ist, war da nur ein ironischer Neben-
aspekt. Jedenfalls wusste man, dass man sich »einen Wolf laufen«
konnte, wenn man unentwegt unterwegs war. Von hier aus verbreitete sich der Ausdruck auf alle möglichen anderen häufig
wiederholten Tätigkeiten. Wenn man beispielsweise viel sprechen musste, sagte man: *Ich hab mir einen Wolf geredet.*

Wer geht, sieht im Durchschnitt anthropologisch und kosmisch mehr, als wer fährt.

Johann Gottfried Seume

Schlichter Humor

Ein seltsamer Ausdruck für die drängende Zeit entstammt dem Theaterstück Adolf Glasbrenners (1810–1876) »Ein Heiratsantrag in der Niederwallstraße«. Mit einem einfachen, aber wirkungsvollen Spleen stattet der Autor dort seine Figur Bornike, von Beruf Postbote, aus. Der vertauscht gern Wörter und sagt Dinge wie: »Es ist die allerhöchste Eisenbahn, die Zeit ist schon vor drei Stunden angekommen.«

Das gefiel dem Berliner Publikum, das den lustigen Spruch so gern zitierte, dass er sich als geflügeltes Wort verselbständigte und schon bald ganz allgemein Dringlichkeit bezeichnete.

Nichts geht mehr

So wild war das Treiben in *Sodom und Gomorrha*, dass es der Herr nicht mehr lustig fand. Er konnte nicht fassen, wie sehr man dort seine göttlichen Gebote missachtete: zügelloser Sex, Verbrechen und ein rücksichtsloser Umgang miteinander. Das konnte so nicht weitergehen. Gott beschloss, die beiden Städte vom Erdboden zu tilgen. Allerdings gab es einen Bewohner, der gottesfürchtig war, Lot mit Namen. Gut, den musste er retten. Also schickte er seine Engel zu seinem frommen Anhänger mit der Mahnung, sich schnellstmöglich in Sicherheit zu bringen. Nach einigem Hin und Her packte Lot seine Siebensachen und zog mit Kind und Kegel davon, um dem grässlichen Strafgericht zu entgehen, das die Städte vernichten sollte. Ein Regen aus Feuer und Schwefel werde auf sie niedergehen, hatten die Engel gemeint und außerdem dringlich gefordert, sich auf der Flucht nicht umzuwenden.

Während Lot und seine Familie davoneilten, hörten sie grauenvollen Lärm hinter sich, Zischen, Krachen, Wummern, und die Erde bebte. Alle gingen tapfer weiter und hielten sich an den Befehl. Nur Frau Lot konnte nicht anders, als sich umzublicken. Ob aus Neugier, Mitleid oder Furcht, erfuhr niemand, denn sie *erstarrte zur Salzsäule.* Und auch die Ursache dafür blieb im Dunkeln, denn es könnte ebenso die göttliche Strafe eines Herrn gewesen sein, der sein Zerstörungswerk ohne Zeugen vollführen wollte, wie das pure Entsetzen.

Jedenfalls faszinierte die Geschichte ihrer tödlichen Schreckensstarre die Menschen und wurde rasch sprichwörtlich. Manchmal liest man, Frau Lot sei zur »Bildsäule« erstarrt, also zu einer Art Skulptur ihrer selbst versteinert, andere schreiben, sie sei zur »Salzsäule« geworden. Salz wurde in alter Zeit in Stangen gepresst, um es besser transportieren zu können, und bot sich daher als Vergleich an. Weil manche Menschen die Geschichte nicht kennen, hört man auch die absurde Variante »zur Salzsäure erstarren«.

Auch die sündigen Städte wurden redensartlich, genau wie ihre Vernichtung. Deshalb nannte der englische Bombergeneral Arthur »Butcher« Harris in dem typisch zynischen Humor der Militärs die schlimmsten Luftangriffe der Geschichte im Juli 1943 auf Hamburg »Operation Gomorrha«.

Neben dem Schiff ist gut schwimmen.
Deutsches Sprichwort

Ein Knie ist ein Knie ist ein Knie

In meiner Jugend trugen wir Konfirmanden Kniescheiben aus. Das hatte allerdings rein gar nichts mit einem blutigen Eingeborenenbrauch zu tun. Vielmehr nennt man in manchen fränkischen Gegenden fettgebackene Hutkrapfen so, weil die dünne knusprige Teigerhebung in der Mitte nicht nur an eine Kniescheibe erinnert, sondern früher tatsächlich so geformt wurde: überm Knie nämlich und mit Liebe. Es war nichts, das man *übers Knie brach*.

Als kleiner Pyromane – wie die meisten kleinen Jungen – kannte ich diesen Ausdruck aus der Praxis: vom heimlichen Feuermachen, denn da suchte man nicht lange nach Säge oder Axt, sondern brach die Zweige, wie man sie fand, überm Knie klein. Eine genaue Länge oder ein sauberer Schnitt sind dabei unwichtig, weshalb man die Knieredensart auf alle Hauruckaktionen anwenden kann, ob man sie ablehnt oder gutheißt. Mein Vater warnte davor, es oft zu machen, weil man sich eine Schleimbeutelentzündung holen könnte. Es hinderte ihn nicht daran, mich *übers Knie zu legen*, um mir dann und wann den Hintern zu versohlen.

Ach, das Knie! Wir haben viel mit ihm zu schaffen, doch kümmern wir uns wenig darum. Erst wenn wir *in die Knie gehen* – vor Schwäche und Erschöpfung – oder wenn wir es kaum mehr schaffen, *jemanden zu beknien* – also vor ihm auf die Knie zu fallen und ihn inständig um etwas zu bitten –, dann sorgen wir uns um unser kompliziertes Gelenk, das oft genug steif wird. Vom Meniskus, einer unserer Achillesfersen, ganz zu schweigen. Dass die *Achillesferse* nach dem griechischen Helden benannt ist, der nur an dieser Stelle verwundbar war, ist den meisten bekannt; doch nur wenige wissen, dass die Knorpelscheibe im Knie nach dem griechischen Wort »mene« (für »Mond«) wörtlich »Möndchen« heißt.

Bei Karl May schießt der Westernheld Old Shatterhand dorthin – statt ins Herz –, und dieser *Schuss ins Knie* bedeutet bei ihm Schonung der Gegner. Christian Morgenstern widmete dem oft misshandelten Gelenk ein Gedicht, in dem es heißt: »Ein Knie geht einsam durch die Welt. / Es ist ein Knie, sonst nichts!« Und deshalb hat der Name des Gelenks auch nichts mit dem Knicks oder *knickerig* zu tun. Beides kommt von »knicken«. In dem ersten Fall knickt man in den Beinen ein, in dem anderen hängt es mit der Nebenbedeutung »abkneifen« zusammen, und da ein Geizhals das bei allem tut, ist er also knickerig.

> *»Das Beste, was man von Reisen mit nach Hause bringt, ist eine heile Haut.«* Persisches Sprichwort

Verdammt fix

Schnelligkeit ist keine Hexerei, heißt es, aber manchmal scheint es in Fragen der Geschwindigkeit wirklich nicht mit rechten Dingen zuzugehen. So hört man als Tempoangabe *wie ein geölter Blitz*. Doch wer könnte schon einen Blitz ölen?

Der Volksmund schmückt mit Vorliebe Wendungen humorvoll aus und entwickelt sie weiter. *Blitzschnell* kennt jeder, *wie ein Blitz aus heiterem Himmel* ebenfalls, womit man Geschwindigkeit und Plötzlichkeit ausdrückt. Das verknüpfte man mit dem Bereich der Maschinen, wo die Ausdrücke *das läuft ja wie geschmiert* oder *wie geölt* geläufig sind. Fett und Öl sorgen für die Gleitfähigkeit der im Verbund arbeitenden Einzelteile oder verbessern sie entscheidend. Der ohnehin schnelle Blitz erhält also sprachlich zusätzliches Tempo durch die Ölung. Dass die Wendung meist spaßhaft gebraucht wird, versteht sich von selbst.

> *Der schnellste Renner ist nicht unbedingt der erste im Ziel.* Karl May

Der Anfang der Ewigkeit

Die Zwillinge hatten schon so viel gemeinsam überstanden, dass sie wohl nichts mehr trennen würde: Ausgesetzt als Säuglinge, wären sie beinahe jämmerlich verhungert. Doch da kam eine Wölfin auf dem Weg zu ihren Jungen vorbei und nahm sie mitleidig in ihrer Höhle auf, säugte sie und zog sie groß. Nun waren zwei starke Jünglinge aus ihnen geworden. Ein Herz und eine Seele, zwei wie Pech und Schwefel. So waren sie auch beisammen, als einer der beiden eine große Idee hatte:

»Ich werde«, sprach Romulus, »eine Stadt gründen, die einmal die ganze Welt beherrschen wird.« Er nahm einen Pflug, spannte Ochsen davor und ließ sie einen großen Kreis ziehen. Dann betrachtete er stolz sein Werk und sagte: »Das ist die Grenze meiner Stadt. Einst werden gewaltige Mauern von ihrer Macht zeugen, doch schon heute gebiete ich: Niemand kann und darf diese Grenze übertreten. Sie ist unüberwindlich.«

Remus war im Gegensatz zu seinem ernsten Bruder ein humorvoller Geselle, schaute sich die unscheinbare Furche an und spottete: »Das sollen Mauern sein? Über die springe ich ja ohne Anlauf!« Und mit diesen Worten sprang er tatsächlich in den Kreis hinein. Doch kaum stand Remus lachend da, zog Romulus sein Schwert und schlug ihn tot. »Ich habe es geschworen«, sagte er grimmig. Und so begann der Sage nach im Jahr 753 vor Christus die Geschichte Roms mit einem Brudermord.

Blutig blieben die Schicksale der Stadt, die immer weiter wuchs, Bürgerkriege, Belagerungen, Regierungswechsel und Triumphzüge erlebte, in der immer neue Arenen, Tempel, Paläste, Bibliotheken und Mietskasernen erbaut wurden, bis sich keine Stadt des Erdkreises mehr mit ihr messen konnte. Schließlich wurde sie sogar zur Kapitale einer neuen Religion und die »Ewige Stadt« genannt.

Und deshalb sagt man statt *gut Ding will Weile haben* auch schon mal *Rom ist auch nicht an einem Tag erbaut worden*. Tragisch, dass Romulus weder das Sprichwort noch Gelassenheit kannte.

III. Gute Zeiten, schlechte Zeiten

Wörterwelten

Gerade die allgegenwärtige Unsicherheit der Seefahrt machte sie seit jeher zu einem beliebten Bild für das Abenteuer des menschlichen Daseins und seine Wechselfälle, die es *wie Sand am Meer* gibt. Der ersehnte Hafen nach der mal stürmischen, mal flautenreichen Lebensfahrt war dabei – zumindest im christlichen Umfeld – ein gottgefälliges Sterben. Vorher aber schlug Glück so schnell in Unglück um wie manchmal der Wind.

Im Alltag fallen die See-Ausdrücke oft nicht auf, obwohl sie so häufig sind. Da *läuft etwas aus dem Ruder*, vor allem, wenn man keinen richtigen Steuermann *am Ruder hat* oder der nicht schnell genug *ans Ruder kommt*, um *das Ruder* noch *herumzuwerfen*! Bei solchen Worten denkt kaum jemand an das Steuerruder und das Meer, doch noch weniger, wenn *jemand aufkreuzt* oder seinen *Straßenkreuzer*, neudeutsch und gleichbedeutend: »Cruiser«, spazieren fährt. Das schwierige Kreuzen der Schiffe bei ungünstigen Winden hat sich hier vollkommen verselbständigt. Ähnlich ist es, wenn einer sagt, er sei *durch den Wind*. Die erfolgreich überstandene, anstrengende Wende mit einem Segelschiff, die sich dahinter verbirgt, ist ganz vergessen. Und falls es mal heißt, *jemand streiche die Segel*, erinnert sich fast niemand an die traditionelle Geste des Segeleinholens, wenn eine Schiffsbesatzung sich im Kampf ergab. Schiffe ohne Segel waren manövrier- und fluchtunfähig; genauso ist es, wenn man jemandem *den Wind aus den Segeln nimmt*, denn dann fehlt der Vortrieb.

Der Normalsterbliche verlässt sich heute auf sein »Navi« und fühlt sich schon als Pilot in seinem Cockpit. »Navigare« heißt im Lateinischen »ein Schiff führen«, und *Pilot* kommt übers Italienische und Französische von der mittelgriechischen Bezeichnung »pedotes« für den Steuermann. Im Englischen heißt das Wort auch »Lotse«.

Dessen Führungsqualitäten in schwierigen Gewässern übertrug man gern auf beliebte Politiker. Als Wilhelm II. den »Eisernen Kanzler« Otto von Bismarck entließ, erfreute sich eine Karikatur aus England großer Beliebtheit, auf der Kaiser Wilhelm von Bord aus Bismarck zusieht, der übers Fallreep das Schiff verlässt. »*Dropping the pilot*« stand darunter. Es wurde frei mit *Der Lotse geht von Bord* übersetzt und der Satz zum geflügelten Wort, das noch 1982 auf das Ende der Kanzlerschaft Helmut Schmidts übertragen wurde.

Schlicht uferlos ist das Meer der Seeredensarten und -sprichwörter, ob man *auf zu neuen Ufern* strebt, das *rettende Ufer* erreicht, *voll wie eine Strandhaubitze* (ein schweres Küstengeschütz) ist, eine *Breitseite auf jemanden feuert* (aus allen Kanonen einer Schiffsseite gleichzeitig) oder feige Leute als *Ratten, die das sinkende Schiff verlassen*, bezeichnet und stattdessen lieber *mit Mann und Maus untergeht* (also mit allem Drum und Dran). Nun, all *das kann doch einen Seemann nicht erschüttern*, denn *eine Seefahrt, die ist lustig* und *Wasser hat keine Balken*.

> *Das Leben leicht tragen und tief genießen ist ja doch die Summe aller Weisheit.*
> Wilhelm von Humboldt

Mähen auf hohem Niveau

Schon den achten Tag in Folge regnet es. Bauer Haferkamp ärgert sich doppelt: Jetzt ist nicht nur die Kornernte in Gefahr, er muss auch noch raus zu den Schafen. Missmutig hüllt er sich ins Ölzeug. Der sonst so brave Hasso kommt erst auf den zweiten Ruf: Es ist *ein Wetter, bei dem man keinen Hund vor die Tür jagen möchte*. Aber er hat keine Wahl, denn er braucht den Hütehund.

Zu zweit erreichen sie das Gatter erst nach einer Stunde Schlamm-
watens. Schrecklich deprimiert sehen die Tiere aus, die teils schon
bis zum Bauch im Wasser stehen. Dankbar folgen sie ihrem Leit-
hammel, als Haferkamp die Hürde öffnet, und stapfen durch
den Matsch zur höher gelegenen Weide. Hier gibt es Bäume zum
Unterstellen und vor allem keine Wasserlachen. Zufrieden wenden sich Hasso und Haferkamp der Heimat zu, denn die Tiere
sind im Trockenen.

Schafe haben wegen ihrer fettigen Wolle eigentlich keine Pro-
bleme mit feuchterem Wetter, weswegen es bei *seine Schäfchen ins
Trockene bringen* nicht um das bloße Unterstellen der Schafe
geht. Vielmehr boten feuchte oder sumpfige Weiden ideale Lebensbedingungen für Parasiten, unter denen der Leberegel den
Schafen besonders gefährlich werden konnte. Hatte man dagegen eine trockene Weide, blieben die Schafe gesund und in Sicherheit, woher der Ausdruck seine Bedeutung bekommt: das
Seine zu sichern wissen.

Unverdient kommt oft

Der Mensch ist manches, einige sagen sogar, er sei gut, aber die
vielen neidgeprägten Redensarten weisen in eine andere Richtung. Was soll man davon halten, wenn das Glück eines Menschen mit Kommentaren bedacht wird wie: *den Seinen gibt's der
Herr im Schlaf, der Teufel scheißt immer auf denselben Haufen*
oder *die dümmsten Bauern haben die größten Kartoffeln*? Dabei
kommt es sehr auf den Ton an, in dem ein solches Sprichwort
geäußert wird. Es kann bloße Verwunderung ausdrücken, aber
auch Neid, Empörung oder Ironie, ja manchmal sogar Befrie-
digung.

In die Bauernwendung spielt dabei noch die alte Vorstellung
hinein, dass geistig Arme von Gott oder vom Schicksal aus Mit-

leid begünstigt werden. Und in der Landwirtschaft, das wussten selbst die Städter, hing Erfolg oft von Ereignissen ab, die mit Klugheit oder Planung nicht zu beeinflussen waren. Da muss man einfach Glück haben. Und das haben bekanntlich vor allem die Dummen. Wie meint der – vielleicht nur neidische – Volksmund: »Das Glück ist mit die Doofen«.

Fortune favours fools.
Englisches Sprichwort

Passt

Fünf Finger sind nicht unbedingt eine Faust, aber manchmal ballt sich alles zusammen, und dann kommt einem einfach mal so ein Auge entgegen … Tja, *das passt wie die Faust aufs Auge.* Ist das jetzt ironisch gemeint oder ernst?

Der alte Ausdruck, der schon vor Martin Luthers Zeiten als schlagkräftiger Ausdruck verwendet wurde, bezieht seine Komik aus der Kombination zweier Elemente, die eigentlich nicht zusammenpassen: das zarte, verletzliche Auge und die harte Faust. Wie so viele sprichwörtliche Redensarten konnte man das Wort in doppelter Bedeutung – je nach Ton – einsetzen. Also: »passt überhaupt nicht« oder »passt besonders gut«. Ursprünglich war das zweite wohl nur die ironische Variante, doch hat sie sich heutzutage durchgesetzt. Es gab ja ähnliche Redewendungen wie: *Das passt wie der Arsch auf den Eimer.* Da der Schlag aufs Auge ein sehr wirkungsvoller ist, der Veilchen und blümerante Gefühle bewirkt, passte er hier übrigens wirklich sehr gut – zumindest aus der Sicht des Schlagenden.

Augen zu und weiter sehen!
Deutsches Sprichwort

Siegertypen und Glückskekse

1. *Schwein haben* – Der Ausdruck stammt von den Schützen. Die gaben bei Schießwettbewerben dem Schlechtesten aus Scherz als Trostpreis ein Schweinchen. Das quiekende Kerlchen wurde auch bei anderen Wettkämpfen zum Spottpreis. Weil hier jemand gleichsam für nichts doch etwas bekam, konnte »Schwein haben« zur Redensart für unverschämtes Glück werden.

2. *Ein Glückspilz sein* – Pilze schießen plötzlich aus dem Boden, sie zeigten sich damit so unverhofft wie das Glück. Außerdem galt der Fliegenpilz lange schon als Glückssymbol, und schließlich kann man mit Hilfe des Glücks überraschend rasch nach oben gelangen: wie ein Pilz.

3. *(S)einen Reibach machen* – Das Jiddische und Rotwelsche schenkten uns diesen Ausdruck für »Gewinn aus einer Sache ziehen«, wobei ein negativer Beiklang unverkennbar ist. Dabei bedeutet »Rebbach« oder »Rebbes« im Jiddischen, vom hebräischen »ribiyt« kommend, eigentlich ganz neutral »Zinsen« oder »Ertrag«.

4. *Seinen Schnitt machen* – Ursprünglich bedeutete das, bei der Getreideernte mit Sichel und Sense reichlich zu schneiden, also eine gute Ernte zu erzielen. Unter dem Einfluss diebischer Beutelschneider bekam der Ausdruck eine zusätzliche Bedeutung: sich geschickt und durchtrieben seinen Vorteil verschaffen.

5. *The winner takes it all* – Die Popgruppe »ABBA« sorgte für die weltweite Verbreitung der englischen Redensart, die eigentlich nur für bestimmte Spiele gelten sollte, im Alltag aber leider viel zu oft zutrifft.

6. *Den Nagel auf den Kopf treffen* – Hier geht es nicht um den Nagel, der Bretter zusammenhält. Vielmehr befestigte man

Zielscheiben früher mit einem Nagel in der Mitte. Den nannte man damals Zweck, was heute noch in »Reißzwecke« weiterlebt. Den Zweck galt es zu treffen, auf ihn zielte man, woraus unser abstraktes Wort »Zweck« entstand. Traf man diesen Nagel auf den Kopf, dann hatte man das bestmögliche Ergebnis erzielt, quasi *ins Schwarze getroffen*, das später das Zentrum der Zielscheiben markierte.

7. *Den Vogel abschießen* – Jedes Mitglied eines Schützenvereins weiß Bescheid darüber: Schon im Mittelalter gestaltete man für Wettschießen Zielfiguren, die Vögeln, oft Adlern glichen. Die sollte man mit einem idealen Schuss von der Stange holen, wo sie fixiert waren.

Ansichtssache

Als das Urteil verkündet wird, weinen die Freunde, Verwandten und Bewunderer, doch Sokrates selbst nimmt es gelassen auf. Er weiß, dass er mit seinen unbequemen Fragen die gedankenlose Routine der Athener zu sehr gestört hat. Man mag es einfach nicht, wenn jemand allgemein anerkannte Wahrheiten in Frage stellt, die Bürger zu kritischen Nachfragen anstiftet und grundsätzlich alles anzweifelt – selbst wenn er Philosoph ist. Der Vorwurf der Gotteslästerung im Jahre 399 vor Christus ist da für die Regierenden nur ein willkommener Vorwand, um dem kritischen Geist endgültig das Maul zu stopfen. Das Todesurteil überrascht niemanden besonders.

Im Gefängnis fühlt sich Sokrates durchaus wohl. Er bekommt gutes Essen, seine Freunde und Schüler dürfen in den letzten Stunden um ihn sein, und selbst die Gefängniswärter sind höflich. Dass man ihn als Todgeweihten mit besonderer Ehrfurcht behandelt, amüsiert ihn schon wieder. Gelassen spricht er den Weinenden

Trost zu: »Ich durchschreite nur einen Vorhang. Genauso wie zu Beginn meines Lebens. Wir wussten damals nicht, woher wir kamen. Wir wissen am Lebensende genauso wenig, wohin wir gehen. Ich bin also ganz ruhig.« Sokrates bleibt es sogar, als man den Becher bringt. Darin befindet sich das Gift des Schierlings, aufgelöst in Wein. Unter Aufsicht muss er das Mixgetränk zu sich nehmen. Gelassen trinkt er den Schierlingsbecher aus und philosophiert weiter, bis er stirbt. Seine Feinde wissen nicht, dass sie Sokrates mit diesem Märtyrertod für die Freiheit der Rede Unsterblichkeit verschafft haben. Und dass die Redensart *jemandem den Schierlingsbecher reichen* Jahrtausende überleben wird, um die perfide Aufforderung zum Selbstmord zu beschreiben.

Nicht nur Sokrates, auch andere berühmte Geister der Antike wurden zum Selbstmord gedrängt, beispielsweise Seneca von Kaiser Nero. Wahrscheinlich verdankt sich die Redensart *darauf kannst du Gift nehmen* den oft beschriebenen Szenen gelassener Selbsttötung, allerdings ist sie erst seit dem 19. Jahrhundert belegt. Man meinte damit ja, dass etwas sehr sicher ist, todsicher eben.

It is better to burn out than to fade away.
Kurt Cobain

Beliebter Killer

Wieso *hat man* eigentlich *einen Mordsspaß* oder *eine Mordsgaudi*? Der Verstärkungsteil »Mord-« in Wörtern wie *Mordskerl, Mordsapparat* oder im bayerischen Respektswort für einen großen Mann *Mordstrummmannsbild* etc. rührt daher, dass der Ausdruck so emotionsgeladen ist. Das abscheulichste Verbrechen war ein Extremwert, und Extreme kann man, was in der Sprache oft vorkommt, wahlweise für das Schlimmste oder das Beste verwenden. Man denke nur an den *Teufelskerl*, wo das extrem Böse als positive Verstärkungsvokabel dient, und *Teufelszeug*, wo es negativ verwendet wird. Ist doch ganz einfach, oder wie die Amerikaner sagen: *bloodsimple*.

> *Die Elefanten kämpfen, aber das Gras leidet.*
> Ruandisches Sprichwort

Gerade oder ungerade?

Ehezwist und Paarstreitigkeiten kann man kaum charmanter bezeichnen als mit den Worten *da hängt der Haussegen schief*. Man lässt dabei offen, wer Schuld hat und wie schlimm es um den häuslichen Frieden steht.

Der Haussegen gehörte über Jahrhunderte zu den wichtigen Bestandteilen eines Heims, wurde oft an Wände geschrieben, in Balken geschnitzt oder aber in gedruckter Form aufgehängt. Wegen seiner Allgegenwart und besonderen Bedeutung konnte er zum Symbol für die ganze Atmosphäre und Stimmung der Bewohner im Haus werden. Für die Redensart war nun noch wichtig, dass man fast immer das Gerade positiv, das Schiefe und Krumme dagegen negativ bewertete. Ein gerader Haussegen steht also für Friede, Freude, Eierkuchen, ein schiefer für Streit, Zwist, Zank, als ob der nicht mehr senkrecht hängende Segensspruch seine Kraft verloren hätte oder durch die Auseinandersetzung aus dem Lot gebracht worden wäre.

Für jüdische Haushalte könnte das Gegenteil gelten, denn dort muss die »Mesusah« oder »Mezuzah« schief sein. Es handelt sich um Behälter an den Türen, in denen sich auf Pergament geschriebene Gottesworte befinden. In der Bibel heißt es nämlich an verschiedenen Stellen, die Juden sollten die Worte des Herrn auf die Pfosten ihrer Türen schreiben. Die Behälter mit dem Haussegen hängen deshalb schräg, weil sich die Rabbiner nicht darauf einigen konnten, welche Lehrmeinung richtig sei, die, welche eine senkrechte Anbringung vorschrieb, oder die, welche eine waagrechte dekretierte. In einer Art salomonischem Urteil entschloss man sich zur 45-Grad-Lösung.

Dass dieses – oft sehr unauffällige – Behältnis an und in jüdischen Häusern den doch so umstandslos zu erklärenden Spruch beeinflusst haben sollte, ist ausgeschlossen. Interessant wäre es, ob man sich in jüdischen Kreisen mit dem Ausdruck »bei denen hängt die Mesusah grade« anfreunden könnte, um Streit zu bezeichnen.

Mit dem Tod ist nicht zu spaßen

Ein Bauer hatte zwölf Kinder, so dass er für sein dreizehntes, einen Sohn, einfach keinen Patenonkel mehr finden konnte. Da machte er sich auf den Weg, einen zu suchen. Es begegneten ihm erst Gott und dann der Teufel, die Paten sein wollten, doch beide lehnte der Bauer ab, weil sie die Menschen ungerecht und betrügerisch behandelten. Als ihm aber der Tod anbot, Pate zu werden, sagte er gleich zu, weil der Tod alle unterschiedslos holte, ob arm oder reich.

Tatsächlich nahm *Gevatter Tod*, den nur sein Patenkind sehen konnte, seine Pflicht sehr ernst. Er zeigte dem Mündel ein Heilkraut und verriet ihm ein Geheimnis: »Wenn ich bei einem Todkranken am Fußende stehe, dann werde ich ihn bald abholen, stehe ich aber am Kopfende, so wird er überleben, wenn du ihm von dem Kraut gibst.«

Aus dem Jungen wurde ein Arzt, dessen Ruhm sich durch seine unfehlbaren Diagnosen und wunderbaren Heilerfolge rasch verbreitete. Doch achtete er nicht auf die Warnung, die ihm der Tod mit auf den Weg gegeben hatte, seine Gabe immer recht zu gebrauchen. Einmal rettete er dem König das Leben, indem er ihn im Bett drehte, so dass die Füße zum Kopfende zeigten.

Das ließ ihm der Tod für dieses Mal durchgehen, warnte ihn aber vor den Folgen eines erneuten Missbrauchs. Doch als die

Prinzessin erkrankte und dem zur Frau versprochen wurde, der sie gesund machte, tat es der Arzt wieder, lagerte sie um, gab ihr das Kraut und rettete sie.

Der Tod kannte nun kein Erbarmen, packte den Arzt und führte ihn in eine Höhle, die voller Kerzen war, von denen jeden Augenblick viele verloschen. »Was sind das für Lichter?«, fragte der Arzt.

»Das sind die Lebenslichter aller Menschen. Die hohen gehören Kindern, die ganz heruntergebrannten den Alten, meistens.«

»Und welches ist meines?«

»Das da hinten.«

»Aber das ist ja nur noch ein winziger Rest Wachs mit einem wackligen Docht, der bald umfallen und ausgehen wird. Stell mir doch ein neues drauf, ich bitte dich!«

Der Tod tat, als wollte er seinem Mündel den Gefallen tun, doch als er die neue Kerze anzündete, da stieß er den Docht wie aus Versehen um. Dessen Flamme verlosch und mit ihm das Leben des Arztes.

Das Märchen »Gevatter Tod« ist ein altes und beliebtes Zeugnis für das Bild des *Lebenslichtes* als einer Kerze, die mit der Geburt entzündet wird und entweder langsam abbrennt oder plötzlich *ausgepustet* wird. Von Menschen, die extrem intensiv leben, sagt man auch: »Er ist wie eine Kerze, die an beiden Seiten brennt.« So leuchtet das Lebenslicht zwar heller, verlischt aber schneller.

Jede Krankheit ist traurig, aber der Weise versteht es, krank zu sein.

Ägyptisches Sprichwort

Kein Königswetter

Der König hatte die Nase gestrichen voll von diesen Ruhestörern. Schon wieder widersetzten sie sich seinen Befehlen und unterwarfen sich einfach nicht! Diese – wie hießen sie noch? – Griechen hatten schon seinen Vater geärgert. Bei Marathon hatten sie ihm vor zehn Jahren sogar eine Schlappe beigebracht, aber ihm, dem großen Xerxes I., würde so etwas nicht widerfahren. Die paar Griechen glichen doch einem Schwarm lästiger Fliegen, und er würde sie einfach zerquetschen.

Seine Boten durchstreiften das Land, um die Wehrfähigen zu den Waffen zu rufen, und nach kurzer Zeit nannte Xerxes die größte Armee aller Zeiten sein Eigen. Ein unermessliches Heer stand bereit, um auf seinen Befehl das winzige Land zu verwüsten. Sie mussten nur über die Meerenge des Hellespont gelangen. Auch das hatte er bedacht und eine ungeheure Brücke erbauen lassen, wiederum die größte, die die Welt je gesehen hatte.

Am Abend aber, als die Truppen am Fuße der Brücke abmarschbereit lagerten, erhob sich ein großer Sturm, und mächtige Wellen zerlegten das Meisterwerk seiner Baumeister wie ein Kinderspielzeug.

König Xerxes packte die Wut, als er am Morgen die Trümmer sah. Wie konnten die Elemente seinem Willen trotzen? Er war ein göttlicher König! Darum würde er das Meer bestrafen wie alle anderen Befehlsverweigerer.

Herolde traten am nächsten Tag ans Ufer und verkündeten den Wellen ihr Fehlverhalten und die Strafe für die Zerstörung der königlichen Brücke. Mit ihnen kamen Scharfrichter, die nun mit aller Gewalt das Wasser peitschten, immer und immer wieder.

Beim zweiten Versuch gelang der Brückenbau, so dass Xerxes sich über die Wirkung seiner Strafaktion freute. Der Krieg allerdings ging daneben. Erst hielten 300 Spartaner bei den Thermopylen das Riesenheer auf, dann schlug die griechische Flotte die Perser bei Salamis, schließlich gab es noch eine Niederlage bei Platäa. Kurz, die ganze Anstrengung im Jahr 480 vor Christus war ein gigantischer *Schlag ins Wasser*.

Zwar gab es den Ausdruck schon vorher, doch die zweieinhalb-tausend Jahre seitdem hielt er sich wohl nur wegen der größen-wahnsinnigen und am Ende sinnlosen Peitscherei des Meeres.

Teufel auch!

Überall taugt der Teufel dazu, der Sprache Beine zu machen. Wenn man den Satan in einer Sache findet, dann meint man Herrn Luzifer – zu Deutsch »Lichtträger« – und seinen *Pferdefuß*. Nach dem zu suchen, lohnt sich stets, denn *der Teufel steckt häufig im Detail* (ein Ratschlag, auf Kleinigkeiten zu achten), und der Böse ist *beschlagen*, ein Ausdruck für Kenntnisreichtum, der von den Pferdehufeisen kommt, mit denen die Tiere besser laufen können.

Den Experten in Sachen Tücke, Betrug und Verführung sollte man jedenfalls besser *nicht an die Wand malen*, schrieb man doch schon Worten allein eine so große Macht zu, als könnten sie das Unglück beschwören. Lieber vermied man, vom Üblen, Lästigen oder Gefährlichen zu sprechen. Die alten Griechen nannten des-halb das unberechenbare und stürmische Schwarze Meer in einem plumpen Bestechungsversuch »pontos euxenos«, »gast-freundliches Meer«. Den Satan erwähnte man entsprechend sel-ten bei uns. Wenn doch, fast ausschließlich indirekt, denn: *Wenn man vom Teufel spricht, dann kommt er gerannt.* Man sprach statt-dessen vom »Gott sei bei uns«, »Gehörnten«, »Leibhaftigen«, »gefallenen Engel«, »Herrn mit dem roten Hut« oder von »der Hahnenfeder« oder »dem Versucher«, um ihn nur ja nicht anzu-locken.

Was tun, wenn man ihn trotzdem im Haus hat oder man *vom Teufel geritten* wird? Hilft es, *den Teufel mit dem Beelzebub aus-zutreiben*, was in dieser Form bereits in der Bibel vorkommt? Nein, denn es bedeutet dort wie heute, ein Übel mit einem an-deren Übel zu bekämpfen. Genau wie in *vom Regen in die Traufe kommen*, wobei die Traufe die Stelle des Daches ist, an der das gesammelte Regenwasser hinunterstürzt.

Aber was für ein Junge ist der Beelzebub? Gar keiner, sondern es handelt sich um eine verballhornte Form des Namens »Baal Zebul« (»Großer Herr«), den der Gott der Stadt Ekron führte, woraus die Juden spöttisch »Ba'al-Zebub« machten. Den Juden und später den Christen galt der Beelzebub als Oberteufel. Im Hebräischen heißt das Wort hingegen nichts anderes als »Herr der Fliegen«. Daher kommt der Titel des äußerst lesenswerten William-Golding-Romans, und damit hängt auch der ironische Spruch *in der Not frisst der Teufel Fliegen* zusammen.

Wenn er in *Teufels Küche* – also die Hölle – kommt, grillt der Satan vielleicht sogar Fliegen. Einen *Satansbraten* bekommt er dort aber nie, denn das sind Leute, die so dreist handeln, als seien sie der höllischen Garküche entsprungen. Der Volksmund respektierte deren Mut, weshalb ihm *Teufelskerl* oder Satansbraten Ehrentitel sind.

Ein Affe ist in den Augen seiner Mutter eine Gazelle.
Ägyptisches Sprichwort

Auch ein Ehrenamt

»Hoheit, so geht es nicht weiter! Schon wieder haben Ihro Gnaden die Hausaufgaben nicht gemacht! Die Folgen habt Ihr Euch selbst zuzuschreiben!«

Der Lehrer des englischen Thronfolgers war in Wut geraten, und der kleine Charles fühlte sich gar nicht besonders majestätisch. Er wusste genau, was jetzt kommen würde. Und wirklich, ohne Zögern ging sein Erzieher in die Ecke, in der die Rute bereitstand, um als Strafinstrument gebraucht zu werden. »Bitte, habt Gnade! Ich will auch immer fleißig sein in Zukunft. Lasst es für diesmal bei der Drohung bleiben. Noch einmal ertrage ich es nicht.« Der Lehrer zögerte kurz, doch dann sagte er: »Gnade ist ein Vorrecht der Könige. Ihr müsst lernen, dass Eure Taten Folgen haben, gegen die oft nichts mehr auszurichten ist. Es tut mir selbst in der Seele weh, doch wenn Ihr ein gutes Herz habt, so werden diese Prügel die letzten sein. Es liegt allein an Euch!« Damit trat er zum Thronfolger, schob ihn beiseite und schlug dem demütig ängstlich wartenden Mungo Murray zehnmal auf den Hintern. Ab dem dritten Schlag schrie er erbärmlich, doch auch Charles weinte, als werde er selbst und nicht sein *Prügelknabe* geschlagen.

In England sind tatsächlich die Namen einiger »Whipping Boys« oder »Whip Boys«, also »Peitschenjungen« überliefert, ein Amt, das offensichtlich Pate stand für den deutschen Ausdruck »Prügelknabe«. Mungo Murrays oder Barnaby Fitzpatricks Pflicht und ehrenvolles Amt war es, Schläge des Prinzenerziehers zu ertragen. Auch in Spanien und Frankreich ist der Brauch überliefert, Knaben anzustellen, um die Prügel für hochadlige Kinder oder solche von königlichem Geblüt, die man nicht schlagen durfte, einzustecken. Man hoffte einfach auf den Edelmut der königlichen Faulpelze, dass sie es nicht ertragen könnten, wenn man Unschuldige wegen ihrer Fehltritte bestrafte. In Deutschland verbreitete sich der Begriff erst im 19. Jahrhundert.

Es grünt so grün

Die MTA stimmte mir sichtlich bekümmert zu, als ich bei der Untersuchung von der Gesundheitsreform sprach, und meinte: »Das ist wirklich nicht das Grüne vom Ei!« Lag es daran, dass sie von meiner Redensartenpassion wusste? Jedenfalls stockte sie und musste dann über ihre Verwechslung lachen.

Vielleicht hatte ihr der Frühling einen Streich gespielt oder der Umstand, dass Grün eine beliebte Redensartenfarbe ist. Das frische Kraut, der saftige Klee, die neuen Triebe der Bäume, all das stand dem Volksmund für reine Lebenskraft und die guten Dinge des Lebens, was sich an Ausdrücken wie *jemandem grün sein, komm an meine grüne Seite, grün ist die Hoffnung* oder *etwas über den grünen Klee loben* erkennen lässt.

Der letzte Ausdruck hat mit mittelalterlichen Dichtern zu tun, die den grünen Klee so oft lobten, bis er als das Maß der Dinge galt – ging jemand in seinem Lob noch darüber hinaus, war es übertrieben.

Wahrscheinlich rührt die Ampelfarbe für freie Fahrt auch von dieser positiven Bewertung her, ebenso die Färbung des Normbereichs an Messinstrumenten. Und wenn jemand *auf keinen grünen Zweig kommt*, dann ist das eine sinnliche Umschreibung für die Unfruchtbarkeit seiner Tätigkeiten oder Pläne. Es kann allerdings auch mit dem alten Rechtsbrauch beim Grundstückskauf zusammenhängen. Da erhielt der Käufer vom Verkäufer ein Stückchen Erde mit einem grünenden Zweig darin als Symbol der Übergabe.

Das Grüne steht daneben für das Junge und Unentwickelte; man denke an die älteren Ausdrücke *grüner Junge, Grünschnabel* oder als Karl-May-Leser ans *Greenhorn*, dem gleichsam Verstand und Erfahrung gerade erst ergrünt sind. Kein Grund also, der Jugend gegenüber *grün und gelb vor Neid* zu werden: Gelb ist seit alter Zeit die Farbe des Neides und die der Galle Grün.

Das Glück ist eine Kuh, die dem einen ihr Gesicht, dem anderen ihren Schwanz zeigt.
Italienisches Sprichwort

In der Klemme

Schon vor zweitausend Jahren wurden Juden in Deutschland sesshaft. Seitdem haben sie unsere Sprache mit zahlreichen Ausdrücken aus dem Jiddischen oder Hebräischen bereichert. Als

Händler kamen sie viel herum, und kleine Leute, Gauner und Studenten übernahmen viel aus ihrem Sprachschatz, um sich witzig oder für andere weniger verständlich auszudrücken. So kam die *Mischpoke* zu uns, was eigentlich »Verwandtschaft« heißt, *Tacheles reden*, wobei das ursprünglich »Zweck« oder »Ziel« bedeutete (nicht wie heute »Klartext«), der *Reibach* und der *Schlamassel, in den man hineingeraten kann.*

»Schlamassel« stammt entweder von Aramäisch »che-lâ-massâl«, was »Unglück« heißt und unter Juden verwendet wurde, oder es setzt sich zusammen aus dem neuhebräischen Wort für »Schicksal« oder »Glücksstern« »mazol« (man denke an *Massel haben*) und dem deutschen Wort »schlimm«, also »schlimm mazol«, was ein »schlimmes Geschick« oder »Unstern« bezeichnete. Natürlich spielt die negative Bedeutung des Wortes »Schlamm« auch noch mit hinein. Ein ähnliches Vorgehen findet man bei *in der Tinte sitzen*, einem Ausdruck, der den »Dreck« oder Schlimmeres durch die Tinte ersetzt.

> *Nur weil die Katze manchmal stibitzt, solltest du sie nicht aus dem Haus werfen.*
> Spanisches Sprichwort

Ein sehr unbeliebter Vogel

Die beliebte Wendung *alles paletti* klingt so lässig und unbeschwert, dass man auf Italien als Herkunftsland tippt, doch stattdessen geht sie ziemlich sicher aufs Hebräische zurück. Dort gibt es eine Wurzel »plt«, die »etwas retten« oder »in Sicherheit bringen« bedeutet und noch heute im Neuhebräischen vorkommt als »pallet«.

Es könnten jüdische Kaufleute gewesen sein, die den Ausdruck »Pleite« in Umlauf brachten. Sie verwendeten ihn, wenn sie ihren Besitz bei einem Konkurs gerettet hatten. Ursprünglich ging es um die Rettung vor der drohenden Gefängnisstrafe, wenn man bankrott war. Der so oft karikierte Pleitegeier ist übrigens auch kein Vogel, sondern nur ein »Pleitegeher«, denn im Jiddischen sprach man das »gehen« wie »gejen« aus. Das klang schon so nach Geier, dass der Ausdruck im Volksmund zum lauernden Aasvogel mutieren konnte, der über dem sterbenden Geschäft kreist oder auf dessen Ableben wartet.

Aus den alten jiddischen Wörtern »palett« oder »paletti« für »Rettung« wurde dann in der deutschen Umgangssprache durch die Erweiterung mit »alles« die Redensart für »es ist geschafft«, »prima« oder »gutgegangen«.

IV. Von Kopf bis Fuß

Was den Menschen am meisten
interessiert, ist der Mensch.
Blaise Pascal

An ihren Ohren sollt ihr sie erkennen

Else fasste sich endlich ein Herz: Als die Musik zur Damenwahl begann, schritt sie auf Emil zu und forderte ihn zum Walzer auf. Der war zwar ein rechter Hallodri, aber sie hatte noch nie gehört, dass er böse Scherze getrieben hätte. Tanzen konnte er auch, wie sie schnell merkte. Nur, wie kam sie jetzt an seine Ohren? Ihre Rechte hielt er ja in seiner Linken. Um mit ihrer anderen Hand besser heranzukommen, rückte sie ihm näher. Das gefiel Emil, und er legte noch mehr Schwung in seine Schritte. Als Else ihn nun gar hinterm Ohr kraulte, da konnte er sich vor Wohlbehagen kaum fassen.

»Ach, Else!«, seufzte er. »Ach, Emil!«, seufzte nun auch sie, denn sie war beruhigt. Emil sah nicht nur nett aus, er hatte nicht nur Humor und einen Hof als Erbe zu erwarten, jetzt wusste sie auch sicher, dass er *es* nicht *faustdick hinter den Ohren hatte.*

Die mittelalterliche Wendung vom Schalk, der einem hinter den Ohren sitze, steht an der Wiege dieser Redensart. Deshalb sprach man von der personifizierten Gewitztheit, die jemandem – nicht leicht zu entdecken – hinter den Ohren sitze oder stecke.

Dann kam aber noch die abergläubische Überzeugung hinzu, man könne aus der Gestalt und vor allem aus dem Gesicht den Charakter eines Menschen lesen. Die seltsame Physiognomik entstand, die sich bis in die Rassenkunde weiterentwickelte. Die Ohren betrachtete man besonders skeptisch. Man war nämlich überzeugt, dass betrügerische Menschen, solche, die einen leicht übers Ohr hauen können, sich durch Wülste hinter den Ohren verrieten. Dort, hieß es, befinde sich das Areal der Verschlagenheit: je dicker die Wülste, umso hinterhältiger der Mensch. Beide Redensarten in Kombination führten dann viel später zum ironischen, aber freundlichen Lob.

Du hast zwei linke Hände und noch dazu nur Daumen!
Deutsche Redensart

Störenfriede

Sooft es *Krawall* auch geben mag, auf Straßen, Schulhöfen oder in Fußballstadien, ist das Wort doch unklaren Ursprungs. Es verbreitete sich wohl erst ab den Dreißigern des 19. Jahrhunderts, angeblich von Hessen aus.

Sehr wahrscheinlich entstand es aus dem französischen »Charivari«, was »Katzenmusik« oder »Straßenlärm« heißt und eine Art dörfliche Standpauke bezeichnet: Nachbarn versammelten sich vor dem Haus desjenigen, der gegen die ungeschriebenen Dorfgesetze verstoßen hatte, und machten mit allerlei »Instrumenten« Lärm. Das konnten Eimer sein, Wannen oder Bleche, auf denen man herumtrommelte, als Megaphone benutzte Röhren, Kuhglocken oder improvisierte Pfeifen – Hauptsache, es machte Krach. Von »Charivari«, das auch wörtlich ins Deutsche übernommen wurde, gab es früh latinisierte Formen wie »charivalli« oder »charavallium«. Verwandte Worte im Englischen wie »carboil«, Tumult, und »carrywarry« im Schottischen stammen wohl davon. Im Deutschen findet man noch »kartummel« und das andere schöne Krachwort »krakeelen«: immer bedeutet es lärmendes, lästiges Durcheinander.

Und warum ist man *auf Krawall gebürstet*, wenn man auf Streit aus ist? Das lässt sich doppelt verstehen, einerseits als »sich in entsprechender Weise frisieren«, also in Stimmung und Form bringen. Man bereitet sich auf den Krawall vor. Andererseits lehnt der Ausdruck sich an die gebräuchlichen Bilder und Redensarten *jemanden gegen den Strich bürsten* und »Kratzbürste« an, in denen Unleidlichkeit und Ärger schon mitschwingen. Wer auf Krawall gebürstet ist, dem sträuben sich schon vorab kampfeslustig die Haare.

In hundert Jahren sind wir alle kahl.
Spanisches Sprichwort

Fingerfood

Wer nichts besitzt, ganz arm ist, der muss, was er zu essen auftreiben kann, gleich verzehren, hat er doch weder Aufbewahrungsmöglichkeiten noch Gelegenheit, sich je satt zu essen. So ist er gezwungen, stets *von der Hand in den Mund zu leben*. In dieser Situation wäre die Redensart mitleidig gemeint.

Doch wenn jemand nicht gewillt ist zu sparen, dann gibt er sofort wieder aus, was er verdient: In dieser, verbreiteteren Variante beschimpft man den Verschwender, der nicht an ein Morgen denkt, obwohl ihm Vorräte guttäten.

Späte Rache

Der aztekische Name Motecuhzoma lässt sich schwer aussprechen, die im Spanischen gebräuchliche Form Moctezuma schon besser, aber für die faulen Deutschen verballhornte man ihn noch weiter zu Montezuma. In der Sprache der Azteken bedeutete der ursprüngliche Name »der zürnende Fürst«.

Als die Spanier 1519 sein Reich betraten, hielt der regierende Montezuma II. sie dummerweise für göttliche Wesen und brachte mit diesem Irrtum großes Leid über sein Volk. Nicht nur wurden die Azteken von den Spaniern getötet oder versklavt, sie starben zu Tausenden an den durch die Eroberer eingeschleppten Pocken.

Als vor etwa hundert Jahren Fernreisen langsam, aber sicher in Mode kamen, litten viele der neuen (friedlichen) Entdecker unter Durchfallerkrankungen. Ausgestattet mit Kohletabletten, schwarzem Tee und einer gehörigen Portion Humor, nannten Lateinamerikatouristen die Reisediarrhö *Montezumas Rache*, als würde der betrogene Herrscher auf diese Weise die Europäer doch noch für das Abschlachten der Azteken zur Rechenschaft ziehen. Schuld an dem Dilemma sind jedoch Krankheitserreger namens Escherichia coli oder Campylobacter sowie die anderen Keime im Wasser, an die sich der Darm erst gewöhnen muss. Der Aztekenrache entgeht man am ehesten, wenn man einen alten englischen Reiserat ernst nimmt: »Cook it, boil it, peel it or leave it.«

Aus fremdem Leder ist gut Riemen schneiden.
Deutsches Sprichwort

Körpersprache

1. *Jemandem den Buckel runterrutschen* – Aus Frankreich kam der Ausdruck für die Erhebung auf der Mitte eines Schildes, die dazu diente, gegnerische Schwertstreiche seitlich abgleiten zu lassen. In Deutschland nannte man dann auch die krankhaften Auswüchse eines Rückens »Buckel« und schließlich den Rücken selbst. Wenn man den hinunterrutschte, war man am Arsch.
2. *Zu etwas wie die Jungfrau zum Kind kommen* – Die meisten Erwachsenen wissen, wie so etwas üblicherweise geht. Doch die Jungfrau dieser Redensart ist eine besondere, nämlich die Gottesmutter Maria. Da sie keinen Sex hatte, kam ihre Schwangerschaft für sie sehr überraschend und

ohne ihr Zutun. Das Gegenteil drückt die Redensart aus *wie der Dumme zur Ohrfeige kommen*. Da weiß man, warum.

3. *Aus seinem Herzen keine Mördergrube machen* – In der Bibel jagt Jesus einmal die Geldwechsler und Händler aus dem Tempelbezirk mit den Worten: »Mein Haus soll ein Haus des Gebetes sein, ihr aber habt eine Mördergrube daraus gemacht.« So kennt man die Wendung seit Luther. Im Urtext der Bibel steht freilich auf Griechisch »spelaion lestōn«, also »Höhle der Räuber«. Die Mördergrube meint etwas Ähnliches, einen dunklen, geheimen Ort des Bösen, an dem sich die Mörder versammeln. Wer aus seinem Herzen keine Mördergrube macht, der ist offen, ehrlich und direkt, wie der Tempel Gottes sein sollte. Man könnte auch sagen, er trägt sein Herz auf der Zunge.

4. *Die Ohren steif halten* – Wir Menschen können, von einigen Ausnahmen abgesehen, mit unseren Ohren nur wenige Bewegungen ausführen. Tiere dagegen zeigen mit gespitzten Ohren, dass sie aufmerksam sind, wach, sprung- oder fluchtbereit. Daher kam die Wendung: *Spitz die Ohren!* Eine weitere Bedeutungsebene kommt mit der Vorstellung des Schicksals als Wind hinzu, der einem manchmal heftig um die Ohren weht. Hält man die Ohren steif, dann ist man aufmerksam wie ein Tier mit gespitzten Ohren und außerdem bereit, dem Schicksalswind Widerstand zu leisten.

5. *Das ist doch kein Beinbruch* – Ursprünglich geht es hier nicht um Menschen, sondern um Pferde. Brachen die sich ein Bein, waren sie – bis ins letzte Jahrhundert hinein – unheilbar verletzt und mussten getötet werden. Wie tröstlich also, wenn es keiner ist.

6. *Ein echter Wadenbeißer sein* – Kurzbeinige oder kleine Hunde sind nicht zu unterschätzen. Gerade Terrier greifen ohne Zögern größere Gegner an. Sie kommen zwar nur bis zur Wade, beißen sich dort aber wütend fest. Kein Wunder,

dass man gerade Journalisten oder kleingewachsene Fuß-
ballverteidiger so nennt; mal schimpfend, mal anerkennend.

7. *Jemanden auf den Arm nehmen* – Wer das mit einem Erwachsenen tut, behandelt ihn wie ein kleines Kind, nimmt
ihn also nicht ernst, weshalb sich die Bedeutung »jemanden veräppeln« herausbildete.

8. *Stein und Bein schwören* – Wenn wir hören, in einer Gruft
lägen die Gebeine eines Heiligen, dann wird klar, dass es bei
dem »Bein« im Ausdruck um den Knochen geht, der noch
im Deutsch des 18. Jahrhunderts eben üblicherweise
»Bein« hieß. Ein Eid soll also fest und haltbar sein wie Stein
und Knochen.

9. *Im Brustton der Überzeugung* – Die Redensart verwandte
Heinrich von Treitschke 1870, und er meinte, dass etwas
mit volltönender, weil von Überzeugung gestärkter Stimme
gesagt wird. Der Brustton steht gesangs- und sprechtech-
nisch im Gegensatz zur Kopfstimme, die in ihrer Höhe –
gerade bei Männern – leicht lächerlich wirken kann und in
der Regel viel leiser ist.

10. *Pi mal Daumen* – Die Kreiszahl im Ausdruck weist schon
darauf hin, dass hiermit eine Messung gemeint ist, allerdings nur eine ungefähre, denn den Daumen benutzte man
früher, um Entfernungen grob zu schätzen.

11. *Auf großem Fuß leben* – Haben Reiche größere Füße? In
gewisser Weise ja. Die Wendung geht zurück auf die Schna-
belschuhmode des Mittelalters, die sich vom burgundi-
schen Königshof aus verbreitete. Je reicher man war, umso
längere und größere Schuhe trug man.

12. *Die Hose hängt auf halb acht* – Diese alte Redensart beschreibt treffend ein modisches Phänomen, das heute auch als
»Baggy Style« bekannt ist und häufig zu spöttischen Kommentaren führt. Der lässig gegürtete, tiefsitzende Hosenbund
entblößt nämlich den halben Hintern. Dieser wiederum erinnert in seiner Doppelkugelgestalt an eine liegende Acht.

Drei Tiger lagen schon blutend in der Arena. Volk, Senat und Cäsar tobten. Doch Ursus wartete ganz ruhig auf die Löwin, die gereizt den Sand mit ihrem Schweif peitschte.

Plötzlich ein Schrei aus zwanzigtausend Kehlen – in einem einzigen mächtigen Satz sprang sie auf den Gladiator zu. Doch der hatte im selben Moment sein Kurzschwert mit festem Griff erhoben und sprang ihr tief geduckt entgegen. So tauchte er unter ihr durch und schlitzte ihr im Sprung den Bauch auf.

Was für ein Mut! Was für ein Geschick! Die Menge war außer sich, die Zuschauer erhoben sich von ihren Sitzen, die Fäuste vorangestreckt, die Daumen fest darin umschlossen. Ursus kniete nieder, blutüberströmt, hob sein Schwert zum Gruß in Richtung Cäsar. Der ließ sich noch eine Weile vom Publikum bitten, bis auch er huldvoll den Daumen in die Faust schloss. Ursus war begnadigt, war frei. Das Daumendrücken seiner Frau hatte sich gelohnt.

Uralt ist die Geste des *Daumenhaltens* oder *-drückens*. Als magische Geste sollte sie die dämonische Macht des Daumens bannen und andere vor üblen Einflüssen bewahren. Damit zeigte man indirekt jemandem Wohlwollen, was später der alleinige Sinn der zusammengepressten Finger wurde.

Schon vor der Zeit der Römer und außerhalb ihrer Kultur gab es die Geste offenbar. Mit historischen Romanen und Sandalenfilmen verbreitete sie sich als Chiffre für Gnade oder Tod bei Gladiatorenkämpfen: Daumen nach unten gehalten, bedeutete Tod, Daumen eingeschlagen, bedeutete Gnade. Der erhobene Daumen dagegen war eine Erfindung der Filmleute, weil man die Geste besser sehen konnte.

Leerer Bauch, leeres Hirn.
Jiddisches Sprichwort

Take it easy!

Alles, womit einen das Schicksal konfrontiert, kann einem mehr oder weniger zu Herzen gehen, man kann es leicht- oder schwernehmen. »Take it easy!«, ermuntert einen ein englischer Spruch. Und die meisten Sorgen lassen sich schon schultern, wie eine Last, die man zu tragen versteht. Da scheint der Spruch *etwas auf die leichte Schulter nehmen* ganz schlüssig, erstaunlich ist allerdings, dass nicht die Sache, sondern die Schulter leicht ist.

In den Satiren des Horaz, Sermon III, Vers 172 findet sich die Formulierung »ferre sinu laxo«, was so viel heißt wie »etwas einfach im Bausch der Toga tragen«. Es geht dabei um Kinderspielzeug, Murmeln und Würfel, die man nachlässig in den Falten der römischen Oberbekleidung bei sich hatte. Die nutzte man nämlich als eine Art Tasche. Die horazische Formel wurde in der lateinischen Form redensartlich beliebt, um auszudrücken, dass man etwas leichtnimmt.

Als der ursprüngliche Zusammenhang mit dem Faltenwurf der Toga in den Hintergrund geriet, kam es unter dem Eindruck der lateinischen Konstruktion und beeinflusst durch unser »schultern« dann zu der neuen Redewendung, in der wir »etwas auf die leichte Schulter nehmen«, uns also nicht allzu viele Sorgen machen.

Kein Wissen gibt's, der Seele Bildung im Gesicht zu lesen.
William Shakespeare

V. Über Streithähne und Wortgefechte

Streitzeit

Auch wenn wir unsere Auseinandersetzungen heute meist mit Worten und nicht mehr mit den Fäusten austragen, verbergen sich darin weiterhin die blutigen oder schmutzigen Kämpfe von früher. Das fängt schon damit an, dass man *einen Streit vom Zaun bricht* oder *mit dem Zaunpfahl winkt*. Dabei geht es ganz konkret um die Latten, die man – im wahrsten Sinne des Wortes – als *schlagende Argumente* aus einem Zaun brach. Und wenn heute jemand *vom Leder zieht*, verbirgt sich dahinter keine Barbiersweisheit, auch wenn die Barbiere früher die Klinge vor der Rasur an einem Lederriemen glatt und scharf zogen. Stattdessen begann vor über 500 Jahren so mancher Streit damit, dass jemand sein Schwert aus der Scheide riss, die früher oft aus Leder war. Später bezeichnete man mit der Wendung jemanden, der sich rücksichtslos verhielt und auch so sprach, also lästerte, schimpfte oder schamlos angab.

Wenn solche großsprecherischen Leute nicht gewalttätig sind, sollte man sie einfach mal *durch den Kakao ziehen*. Diese Form des Spotts klingt ganz nett, viel netter als ihre eigentliche Bedeutung. Man muss nur daran denken, dass viele Kinder das Schokogetränk »Kaka-o« nennen. Tatsächlich handelt es sich um eine abgemilderte, scherzhafte Form von »jemanden durch den Dreck ziehen«, denn »Dreck« steht ja auch für »Kacke« oder »Scheiße«.

Wenn jemand aber keinen Spaß versteht, dann hat man ihm leicht *einen Tort angetan*. Auch keine angenehme Wendung, denn die Torturen stecken dahinter. Wie der Tort geht beides zurück auf das lateinische Wort »torquere«, das »drehen« oder »quälen« heißen kann und mit der Folter zu tun hat. Im Französischen wurde es zu »tort«, was »Kränkung« oder »Unrecht« bedeutet. Mit dem

»Tort« fügt man jemandem also ein Unrecht zu, eine »Kränkung«. Das Wort gehört zu den vielen französischen Ausdrücken, die in Deutschland heimisch wurden, weil das Französische lange die Sprache der Gebildeten war und sich durch die hugenottischen Flüchtlinge und später die napoleonischen Soldaten verbreitete.

> *Ein Kläger muss drei Säcke haben: einen mit*
> *Geld, einen mit Papier und einen mit Geduld.*
> Französisches Sprichwort

Fabelhafte Argumente

Es war einmal ein Schaf, das an einem Bach Wasser trank. Ein Stück weiter oben stand ein Wolf am Ufer und fing gleich an zu knurren: »Wie kannst du mir mein Wasser nur so trüben? Das verlangt Strafe, und zwar sofort.«

»Ach,« mähte da das Schaf verzweifelt, »mächtiger Wolf, wollt Ihr nicht Euer Augenmerk darauf lenken, dass Ihr ja zwanzig Schritte oberhalb von mir seid. Wie könnte ich das Wasser trüben?«

»Du trübst es dennoch! Und außerdem bist du doch derjenige, der mich letztes Jahr beschimpft hat!«

»Ich? Wie sollte das möglich sein, da ich noch an der Mutterbrust lag?« »Dann war es dein Bruder!«

»Aber ich hab doch keine Geschwister!«

»Dann war es deine Familie! Und ihr jagtet und hetztet mich, euer Hund und euer Hirte. Ich muss mich also rächen. Das sagen alle!« Und damit rannte er zum schreckensstarren Schaf, packte es und schleppte es in den Wald, wo er es auffraß.

Jean de la Fontaines Fabel über das Recht des Stärkeren war seit dem Ende des 17. Jahrhunderts so beliebt, dass sich daraus in vielen europäischen Sprachen Redensarten bildeten. Bei uns entstand *kein Wässerchen trüben können*, also so unschuldig sein wie das Schaf. Interessant ist, dass die Wendung als Vorwurf der Scheinheiligkeit oft im Sinne des Wolfes verwendet wird, denn man sagt: »Du tust so, als könntest du kein Wässerchen trüben.«

Haltet eure Zelte getrennt und bringt eure Herzen zusammen.

Arabisches Sprichwort

Streiten wie ein alter Grieche

Wenn sich zwei so richtig in die Wolle kriegen, werfen sie einander schnell vor, zynisch, sarkastisch oder gar sophistisch zu sein. Ohne eine gehörige Portion Ironie kann einem bei so etwas die *stoische Ruhe* schon mal verlorengehen.

Gleich fünfmal zeigt sich in den beiden Sätzen, wie einflussreich die griechische Philosophie und Rhetorik noch nach zweieinhalbtausend Jahren sind. So rücksichtslos logisch, spöttisch und geradezu bissig argumentierten Diogenes und seine Schüler, dass der Name ihrer Philosophenschule höchst angemessen erscheint: »Kyniker«. Man könnte das mit »Hundsphilosophen« übersetzen, da »kynos« »Hund« heißt. Wegen ihnen ist man im Deutschen *Zyniker* oder *zynisch*.

Sarkastisch waren die Zyniker sicher oft. So bezeichnete man nämlich in der klassischen Rhetorik eine Argumentation, die gleichsam ins Fleisch, griechisch »sarx«, des Gegners schnitt. Auch der Sarkophag, wörtlich »Fleischesser«, der Pharaonen kommt von »sarx«. Sarkasmus galt als eine bittere Form der Ironie. Das griechische Wort »eironeia« lässt sich mit »Verstellung« übertragen. Als rhetorische Technik untergrub sie *ironisch* die Gründe des Gegners, indem sie diese – scheinbar ernsthaft – lächerlich machte. Da genügte schon ein Unterton, um darauf hinzuweisen, dass man eigentlich das Gegenteil dessen meinte, was man sagte. Shakespeare führt das in seinem »Julius Cäsar« vor, wenn Antonius Brutus als »ehrenwerten Mann« bezeichnet. Zuerst nimmt man ihm das wörtlich ab. Doch dann wiederholt er den Satz in seiner Rede immer wieder im Zusammenhang mit der Schuld des Brutus. Am Ende ist jedem klar, der »ehrenwerte Mann« Brutus ist ein Mörder, ein Verräter Roms und ein feiger Schurke, ohne dass Antonius es direkt sagen muss. Ironie ist eine scharfes Waffe im Wortkampf, ein elegant geführter Degen, der schmerzhafte Stiche versetzen kann.

Die »stoische Ruhe« verfliegt da rasch. Sie verdankt ihren Namen der Säulenhalle, griechisch »stoa«, auf dem Versammlungsplatz Athens. Hier kamen die Anhänger Zenons von Kition zusammen, weshalb man sie »Stoiker« nannte. Ihre äußerst erfolgreiche und komplexe Lehre kam im Volksmund quasi auf den Hund, denn übrig blieben von ihr nur die vorbildliche Ruhe und Selbstbeherrschung der Stoiker allen Wechselfällen des Schicksals gegenüber.

Wer Zwietracht sät, erntet Ohrfeigen.
Deutsches Sprichwort

Mir reicht's!

Das Fax war noch lange nicht erfunden, da *hatte man schon die Faxen dick.* Damals, vor dreihundert Jahren, schrieb man allerdings noch »Facksen«. Damit ist man schon auf der Spur des Ursprungsworts »fickfacken«, das sich sprachgeschichtlich als ungemein fruchtbar erweisen sollte. Das Verb bedeutet »sich hin- und herbewegen« und diente als Ausdruck für ein lästiges, lächerliches Treiben. Das Hin und Her steckt noch in der Bezeichnung für den Geschlechtsverkehr »ficken« – auch im englischen »fuck« – oder in der Wendung *nicht lange fackeln*, was hieß, auf unnötige Bewegung zu verzichten. Selbst die Fackel, die flackert, sich also unstet bewegt, bezieht sich auf das alte Wort.

Aus »fickfacken« bildeten sich außerdem Worte für »Streiche« oder »Possen«, nämlich »Fickesfackes«, »Ficksfacks«, »Fackes« und schließlich »Facks«, die irgendwann mit x geschrieben wurden.

Und »dick« bedeutete im Mittelhochdeutschen auch »oft« und »häufig«, so dass es sich als Ausdruck für etwas, dessen man überdrüssig ist, weil es zu oft vorkommt, einbürgern konnte. Daher konnte man bald jemanden oder etwas dick haben; erst recht die lästigen Faxen.

Haarspaltereien

In der Suppe stört es, auf dem Kopf hingegen fehlt es oft, für das Fadenkreuz im Zielfernrohr war es gerade richtig. Als Bart wirken sie anders, als wenn sie unter den Achseln wachsen. Dort finden sie seltsamerweise immer mehr Menschen störend. Galt das früher nur für Frauen, rasieren sich inzwischen auch viele Männer unter den Armen, diese selbst, dazu Brust, Beine und Rücken. Wirklich dumm finde ich an dieser Mode nur, dass Behaarte zunehmend wie Aussätzige behandelt werden. In solchen Fällen sollte man den alten Spruch »Lange Haare, kurzer Verstand« anpassen: »Keine Haare, kein Verstand«.

Im Gegensatz zu heute verknüpfte der Volks- und Aberglaube früher Haarwuchs noch mit Männermut, weshalb sich der Ausdruck *Haare auf den Zähnen haben* entwickelte. Ein Jüngling galt früher erst als Mann, wenn er einen richtigen Bart, Achsel- und Schambehaarung, am besten noch Arm- und Brustpelz vorweisen konnte. Als Vorbild diente der langhaarige Samson aus der Bibel, dessen gewaltige Kraft verlorenging, als ihm die schöne Dalila erst schöne Augen machte und danach das volle Haupthaar schor. Den männlichsten Männern bescheinigte man also, selbst an unbehaarten Stellen welche zu besitzen. Zuerst sagte man, jemand habe Haare auf der Zunge. Das klang aber doch ein wenig lächerlich und nach Maulheld, weshalb man sich auf die aggressiveren Zähne verlegte. Mit einem Zahnhaarigen konnte man *sich leicht in die Haare kriegen*, was tatsächlich mit einem Kampf zu tun hat, bei dem man sich am Schopf reißt.

Man muss bei vielen Ausdrücken gar nicht *haargenau* hinsehen und alles *haarklein* erläutern, weil es in ihnen wie auch in *um ein Haar*, *haarscharf* und in *kein Haar krümmen* um die Feinheit, Kleinheit oder Geringfügigkeit geht. Doch wer will schon *Haare spalten*, wenn es noch Redensarten wie *haarsträubend* und *die Haare stehen einem zu Berge* gibt. Die Gänsehaut erinnert uns noch heute daran, dass auch wir früher bei Angst und Ärger zu »gesträubter Haarfrisur«, wie Wilhelm Busch das nannte, fähig waren und die Haare aufstellen konnten.

Wenn eine *haarige* Sache zu bewältigen oder etwas *haarig* ist, dann spielen mindestens drei Bedeutungen hinein. Einerseits kommt es hier auf jede Haarkleinigkeit an, andererseits denkt man an den haarigen Mann, mit dem nicht gut Kirschen essen ist, und schließlich steht im Volksmund Haariges für Sexuelles, über das zu reden heikel ist. Und das ist nicht *an den Haaren herbeigezogen*! Diese Redensart hieß früher, ein unpassendes Argument mit Leichtigkeit in eine Diskussion ziehen – wie an einem Haar –, doch bald dachte man eher an einen Widerstrebenden, der am Schopf dort hineingezerrt wird.

Ein magerer Vergleich ist besser als ein fetter Prozess.
Deutsches Sprichwort

Den Kampf aufnehmen

In ihrem Sonntagsstaat stehen die Gäste auf. Jetzt kommt der Höhepunkt der Hochzeit. Der Organist spielt nur noch ein kurzes Stück zur Überleitung, dann hat der Pfarrer das Wort, um den Bund fürs Leben zu schließen. Das verliebte Paar schaut sich tief in die Augen und hört nur mit halbem Ohr zu. Der Pfarrer fordert nun: »Ist irgendjemand unter euch, der etwas gegen diese Heirat einzuwenden hat, der sage es jetzt oder schweige für immer.« Kaum ist sein letztes Wort verklungen, segelt in schönem Bogen ein Männerhut in Richtung Brautpaar und kommt vor den Stufen des Altars zu liegen. Die Braut sinkt in Ohnmacht, entsetztes Murmeln ist zu hören. Der Bräutigam ballt die Hände vor Wut, aber er ist hilflos: Wenn der Hut in diesem Moment geworfen wird, dann muss man den Kläger hören und die ganze Eheschließungsprozedur neu prüfen.

Die bis ins 19. Jahrhundert übliche kirchliche Sitte zeigt, wie wichtig der Hut als Symbol war. Er repräsentiert – wie Kopfbedeckungen überhaupt – seit alters her die ganze Person. Genau deshalb sagt man auch, wenn sich jemand auf eine Auseinandersetzung einlässt, eine Herausforderung ausspricht oder den Kampf um ein Amt aufnimmt: »Er hat *den Hut in den Ring geworfen.*« Fast zwangsläufig denkt man an den ähnlichen Ausdruck *das Handtuch werfen*, den man vom Boxsport kennt. Sehr wahrscheinlich hat diese Redensart die Wendung mit dem Hut beeinflusst, auch wenn diese auf ältere Bräuche zurückgeht. Wer den Hut in den Ring wirft, der schickt ihn voraus nach dem Motto: »Ich komme gleich, um zu kämpfen.«

Putzfimmel

1. *Reinen Tisch machen* – Das klingt einfach nach Geschirrabräumen, kommt aber von den lateinischen Wachstäfelchen, die zusammengebunden als Notizbuch dienten. Zum Schreiben nahm man den Stilus, von dem auch unser »Stil« kommt. Vorn hatte er eine Spitze zum Schreiben, hinten

eine Abflachung, mit der man das Wachs der Täfelchen zum Wiederbeschreiben glätten konnte. Diesen Vorgang nannte man *tabula rasa* machen. Aus »rasa« wurde »rein«, aus der »tabula« wurde erst die Tafel, dann der Tisch. Auch der Ausdruck »tabula rasa« hat sich gehalten, bedeutet aber »alles vernichten«, »nichts übrig lassen« oder »Klarheit schaffen für einen Neubeginn«.

2. *Eine Hand wäscht die andere.* – Das lateinische Sprichwort »manus manum lavat« fand nicht nur den Weg ins Deutsche, es ist in allen europäischen Sprachen bekannt. Ursprünglich positiv gemeint, klingt doch oft etwas Unsauberes mit. Der berechtigte Anspruch auf Gegenleistung und die verbrecherische Gier des Korrupten *gehen* hier brüderlich *Hand in Hand*.

3. *Mit einem Eimer Wasser putzt sie das ganze Haus.* – Der sehr zeitgemäße Appell zum Wassersparen stammt aus einem Spaßlied der Pfadfinder, dem sogenannten »Lagerboogie«. Die erste Strophe lautet: »Ich hab 'ne Tante Frieda, die wohnt in Friedenau / und diese Tante Frieda ist eine saubre Frau. / Mit einem Eimer Wasser putzt sie das ganze Haus. / Und wenn sie noch was übrig hat, kocht sie Kaffee draus.«

4. *Seine Hände in Unschuld waschen* – Schon in den Psalmen 26 und 73 der Bibel heißt es wörtlich »die Hände in Unschuld waschen«. Dabei geht es um Reinigungsrituale vor Gott. Im Matthäus-Evangelium wäscht dann schließlich Pontius Pilatus nach dem Prozess gegen Jesus seine Hände und damit symbolisch das Blut des Todesurteils ab und befindet: »Ich bin unschuldig am Blute dieses Menschen.«

5. *Klinken putzen* – Oft hört man auch »Klingeln putzen«. Beides kommt von den Bettlern, Gaunern und Hausierern, die Tag für Tag Klinken in die Hand nahmen, um mildtätige Menschen, Opfer oder Kunden zu finden. Das häufige Anfassen hat aber bei Metallen tatsächlich eine Polierwirkung, wie man auch bei verehrten Heiligenstatuen sehen kann. Klinken ebenso wie Klingeln waren oft aus Messing

und glänzten, wenn viele sie drückten. Mit »Klingeln putzen« bezeichnet man außerdem den Kinderstreich, bei dem die Übeltäter alle Klingeln eines Hauses drücken und weglaufen. Wenigstens werden die Klingelknöpfe dabei immer auch ein wenig poliert.

6. *Eine weiße Weste ist wichtiger als ein reines Hemd.* – Das Sprichwort spielt mit der übertragenen Bedeutung der »weißen Weste«, die das reine Gewissen symbolisiert. Weiß ist die Farbe der Unschuld, das Böse dagegen schon immer mit Schmutz verbunden. Weiße Westen waren lange Mode in der bürgerlichen Welt. Trug man sie offen zur Schau, ließ sich dahinter ein reines Herz vermuten.

7. *Wer mit Schmutz wirft, bleibt nicht sauber.* – Der Spruch klingt gut, wirkt aber doch ein wenig, als wollte man verhindern, dass jemand im Dreck wühlt und unangenehme Wahrheiten findet. Skandal- und Sensationsjournalisten beschimpft man in der englischsprachigen Welt als »muckraker« oder »mudraker«. Als wörtlich übersetzte »Dreckharker« bezeichnen sich aber inzwischen auch investigativ arbeitende Reporter. Sie benutzen das Wort selbstbewusst als Eigenbezeichnung. Irgendjemand muss sich ja die Finger schmutzig machen, wenn die Mächtigen Dreck am Stecken haben.

8. *Wasch mir den Pelz, aber mach mich nicht nass!* – Eine Lösung geht oft mit unangenehmen Begleitumständen einher, die man lieber vermeiden würde. So war die Sauberkeit zwar immer ein hoher Wert, doch Reinigung mit Wasser galt bis ins späte 18. Jahrhundert als gesundheitsgefährdend. Der Pelz dagegen stand häufig stellvertretend für die Haut, wobei *jemandem den Pelz waschen* ihn kritisieren hieß. Und Kritik kann unangenehm sein, so wie Waschen ohne Wasser unmöglich ist.

9. *Etwas hat sich gewaschen* – Die Redensart »ein Kerl, der sich nicht gewaschen hat« stand Pate für diese positive Wendung. Männern sagte man ja gern nach, Schmutzfinken

zu sein, und so war das Gewaschene etwas Ordentliches, besonders Erwähnenswertes. Und deshalb kann man auch eine Backpfeife bekommen, die sich gewaschen hat.

10. *Mit allen Wassern gewaschen* – Seeleute, die über alle sieben Weltmeere gefahren waren, hatten so manchen Schwall Wasser abbekommen. Sie waren buchstäblich »mit allen Wassern gewaschen«, deshalb sehr erfahren und ließen sich nicht leicht übers Ohr hauen. An Land nahm man das misstrauisch zur Kenntnis, weshalb sich auch die Bedeutung »verschlagen« und »durchtrieben« herausbilden konnte.

Wortgeplänkel

Wahrscheinlich entwickelte sich die Sprache aus dem Streit. Man kann sich jedenfalls gut vorstellen, wie Steinzeitmänner sich immer wieder um die Beute, um den wärmsten Platz und das fruchtbarste Weibchen stritten. Während des ewigen Schreiens entstanden wie von selbst Schimpfwörter und Namen für die Streitobjekte.

Noch heute ist es sehr beliebt, dem anderen mal so richtig *die Meinung zu geigen.* Kaum ein Bereich ist so sprichwort- und redensartenreich wie der des Streites. Das fängt mit den vielen Schimpfwörtern an, die den Geisteszustand des Gegners herabwürdigen, geht über die Beschreibung seiner Argumentationsschwäche bis zu souveränen Schlussworten: »Weise fallen in Unwissenheit, wenn sie mit Narren streiten.« Empfehlenswerter ist es, hinter die Auseinandersetzung einen neutralen Schlusspunkt zu setzen, indem man sagt: »Streit bringt Leid« oder »Wenn zwei sich streiten, freut sich der Dritte.«

Von außen betrachtet wirken keifende Menschen sowieso lächerlich, wie Streithähne, die sich blindwütig die Sporen der Argumente und Beleidigungen gegenseitig ins Fleisch hauen. Fast immer geht es um mehr als den konkreten Anlass. Anders ist es kaum erklärlich, dass Menschen so gern, so lange und über so unwichtige Dinge streiten. Da genügt ein falsches Wort, ein Zentimeter zu viel oder ein Knallerbsenstrauch, der sich über den Zaun des Nachbarn beugt, und schon geht es los.

Deshalb kann es leicht passieren, dass Menschen *um des Kaisers Bart streiten*, also um Nichtigkeiten. Früher erklärte man die Redensart mit dem historisch vollkommen unergiebigen und unerheblichen Disput darüber, ob bestimmte römische Kaiser oder auch Karl der Große einen Bart getragen hätten oder nicht. Tatsächlich handelt es sich jedoch um eine komische Umdeutung und unfreiwillige Aufwertung, die im Volksmund vor sich ging. Im klassischen Latein gab es nämlich bei Horaz die Formulierung »de lana caprina rixari«, »um Ziegenwolle streiten«. Tatsächlich sollen Naturforscher darüber gestritten haben, ob Produkte aus Ziegenhaaren als Wolle bezeichnet werden dürften – eine mehr als marginale Frage. Diese Redensart wurde im ganzen Abendland beliebt, so auch in deutschen Gebieten, wo man allerdings aus der »Ziegenwolle« erst »Geißenhaar« und dann den »Geißenbart« machte, um den man dann eine Zeitlang stritt.

Da die einfachen Leute den ursprünglichen Zusammenhang nicht kannten, kam es im Laufe der Zeit durch lautliche Umformung zum »Kaiserbart« als Streitobjekt. Das passte in seiner Unerheblichkeit wunderbar zur Redensart. Zumindest darüber dürfte es wohl keinen Streit geben – allerdings kann man sich da nie sicher sein.

Lesen und lesen lassen

»Nein, nein, nein!« Bischof Chrodegang verlor seine sonst unerschütterliche Ruhe. Wieder hatte ihn ein Brief voller Klagen über das Verhalten der Mönche in seinem Bistum Metz erreicht. Gut, sie waren keine böswilligen Sünder, es fehlte ihnen schlicht an Ordnung und Vorschriften. Was sollte er nur tun?

Da kam ihm eine einfache, aber hoffentlich wirksame Idee. Es gab ja die Regeln des heiligen Benedikt von Nursia. Die waren zwar zweihundert Jahre alt, doch eine gute Anregung; auch noch im achten Jahrhundert. Wenn man etwas Ähnliches verfasste und dazu regelmäßige Lesungen einführte, die alle Mönche mehrmals am Tag hörten, dann besserte sich ihr Verhalten sicher bald. Theoretisch lasen zwar alle täglich die Bibel, tatsächlich aber lasen nicht alle gut und manche nicht gern. Chrodegang stellte deshalb eine Liste der Texte auf, die den Mönchen vorgelesen werden sollten. Gar nicht schlecht, dachte er, wäre es, ihnen aus dem dritten Buch Mose vorzulesen, dem »Leviticus«. Schließlich standen darin viele Regeln für den Stamm der Leviten, die im alten Israel von den Priestern aufgestellt worden waren.

Gesagt, getan, Chrodegang fixierte die Regeln und begann im Jahr 760 damit, einen Kanon von Vorschriften festzulegen. Wegen des Kanons spricht man übrigens auch von Geistlichen als Kanonikern. Allerlei Tätigkeiten im Tagesablauf schrieb der Bischof vor, zu denen auch Buß- und Betandachten gehörten, bei denen er selbst oder seine Stellvertreter Abschnitte aus der Bibel vorlasen, vor allem aber aus dem Buch »Leviticus«. Und aus diesem Grunde konnte sich die Redensart *jemandem die Leviten lesen* in der Bedeutung »jemandem eine Straf- oder Mahnrede halten« oder einfach »jemanden kritisieren« herausbilden.

Schöner als die Wahrheit

Was ist das für eine seltsame Wendung? *Mach keine Fisimatenten!* Man liest auch Fisematenten oder Fissematentchen. Immer bedeutet es »Schwierigkeiten« oder »Umstände machen«. Weit verbreitet ist folgende Geschichte über die Herkunft der Redensart: Die Franzosen unter Napoleon hatten weite Teile Deutschlands besetzt. Und wie alle Soldaten der Welt versuchten auch die Angehörigen der Grande Armée, Frauen für ein Schäferstündchen zu gewinnen, und zwar mit den Worten: »Visitez ma tente!«, »Besuchen Sie mein Zelt!« In leicht veränderter Form hätten die deutschen Mütter ihren Töchtern solche Fisimatenten jedoch verboten.

Ähnlich lautet eine zweite Version, die auf dieselbe Konstellation zurückgehen soll. Man habe, wenn man zu spät von einem Gang zurückgekommen sei, dem französischen Wachsoldaten am Tor gesagt: »Je viens de visiter ma tante.« Mit der banalen Ausrede, seine Tante besucht zu haben, wäre aber wohl niemand davongekommen. Und was hat das mit Schwierigkeiten zu tun?

Die richtige Erklärung ist leider um vieles langweiliger: Als »visae patentes« waren Urkunden schon im 15. Jahrhundert bekannt, dazu gehörten auch die Offizierspatente. Bis man sie ausgehändigt bekam, verging schon wegen der Bürokratie immer viel Zeit. Da haben wir die unerwünschten Umständlichkeiten. Fehlt noch der Einfluss des französischen Wortes »visamente«, das sich auch im Deutschen zeitweise einbürgern konnte. Es heißt als heraldischer Fachausdruck so viel wie »Wappeneinteilung« und später »kurioser und komplizierter Wappenschmuck«. Beides zusammen ergab die Fisimatenten.

Gegen die schöne volkstümliche Erklärung hat die richtige natürlich keine Chance. Warum auch nicht. Und so gibt es in Berlin eine schicke französische Bar mit dem Namen »Visitez ma tente«.

Der Papst und ein Bauer wissen mehr als der Papst allein.
Deutsches Sprichwort

Blinde Wut

Omai erwachte in seiner Hängematte. Alles war ruhig. Aber die Sonne schien stechend durch die Palmenblätter. Sie schien seinen Kopf durchbohren zu wollen. Er konnte seinen Blick nicht von ihr wenden. Plötzlich sprachen aus ihren Strahlen Stimmen zu ihm. Er konnte sie erst nicht richtig hören, dann jedoch verstand er, was sie ihm zuflüsterten. Sie wiederholten unentwegt nur ein Wort: »Messer.«

Als seine Nachbarn sich zu regen begannen, erwachte Omai aus seiner Erstarrung. Mit einem großen Satz schwang er sich aus seiner Hängematte, raste auf den Dorfschmied zu, riss ein langes Messer aus dessen Regal und hieb nach dem eher verdutzten als erschrockenen Mann. Omai achtete nicht darauf, ob er getroffen hatte. Wie von der Tarantel gestochen stürmte er durch das Dorf, warf die einen im Lauf um, stach und schlug nach anderen.

Ein Warnruf erhob sich von allen Seiten: »Amuk! Amuk! Amuk!« Omai hörte ihn nicht. Wild rollte er die Augen, rannte immer weiter und bemerkte zu spät, dass ein paar Männer ein Netz über ihn geworfen hatten. Rasch zogen sie es um den Tobenden zusammen, so dass er sich nicht mehr rühren konnte. Schwer atmend brach er mit einem letzten wilden Schrei zusammen. Die Menge brachte den Ohnmächtigen zum Heiler und rief nur das eine Wort: »Amuk!«

Das ist malaiisch, kann auch »amok« ausgesprochen werden und heißt einfach »Wut« oder »rasend kämpfen«. Man bezog den Ausdruck hauptsächlich auf den unvorhersehbaren Gewaltausbruch eines Menschen.

Das Phänomen erschien englischen Seefahrern schon im 16. Jahrhundert so bemerkenswert und unheimlich, dass mit ihren Berichten die Redensart zunächst im Englischen als »to run amuck« heimisch wurde. Scherzhaft benutzte man den Ausdruck auch, um zu beschreiben, wie jemand blindwütig und unverständig über eine Sache redete. Heute schreibt man meistens *Amok*, und so kam das Wort auch in unsere Sprache.

Der Kampf der Meinungen

Das *schlagende Argument* wird ins Feld geführt und schlägt alle anderen aus ebendiesem. Vom plötzlichen Sieg auf dem Schlachtfeld ist hier die Rede, geht es auch nur um den Wörterkampf. Und wenn man *stichhaltige Gründe* hat, schwingt eine Bedeutung ritterlicher Turniere mit. Wer sich im Zweikampf zu Pferd als *sattelfest* erwiesen hatte, also im Sattel geblieben war, obwohl er einen Stich von der Lanze des Angreifers abbekommen hatte, der hatte standgehalten und wurde deshalb als stichhaltig bezeichnet; wie starke Argumente.

Das Gegenteil sind *fadenscheinige Gründe*. Sie gleichen strapaziertem, abgewetztem Gewebe, bei dem die einzelnen Fäden hervortreten, statt eine glatte, schöne Stoffoberfläche zu bilden. Und beide sind deshalb leicht zu durchschauen.

> *Ein Mann sieht rot, eine Frau wird es.*
> Deutsches Sprichwort

Auf einem Auge blind

Krähen sind schlaue und gelehrige, aber auch wehrhafte Vögel. Wer ihnen in die Quere kommt, der muss mit einem zielsicheren Angriff rechnen; mit Vorliebe auf die Augen. Außerdem sagte man ihnen nach, dass sie sich besonders gern auf die Augen der Gehenkten stürzten.

Untereinander hacken sich die Krähen ebenfalls, doch die empfindlichen Augen verschonen sie selbst bei Kopftreffern. Weil die Krähe als Saaträuber, Kleintiermörder und Galgenvogel seit Jahrhunderten einen schlechten Ruf hat, kam es zu dem übelmeinenden Sprichwort: *Eine Krähe hackt der andern kein Auge aus.*

Das verwendet man immer, wenn es an Selbstkritik und Selbst-
aufklärung innerhalb bestimmter Berufsgruppen wie denen der
Ärzte, Polizisten, Juristen, Professoren, Lehrer mangelt.

Trenne Kopf und Zunge nicht voneinander.
Ägyptisches Sprichwort

Bettschelte

Berlin, ein Schlafzimmer Anfang des 19. Jahrhunderts. Vor dem
Bett steht ein Mann und lässt bedrückt den Kopf hängen. Man
hört eine Frauenstimme: »Also jetzt komm endlich und zieh die
Gardine zu! Ich sage dir, so kann es nicht weitergehen! Wie du
mich immer vor der Kundschaft hin und her scheuchst, das ist
wirklich das Letzte! Was denkst du denn, wer ich bin? Deine Angestellte? Deine Putzfrau? Wer hat denn das Geschäft mit in die
Ehe gebracht? Wer kennt denn Gott und die Welt in dieser Stadt?
Meinst du, die kommen wegen deiner billigen Bouletten? Oder
deiner schönen blauen Augen? Es wird Zeit, dass ich dir endlich
beibiege, wie du dich zu verhalten hast. Wenn wir nicht an einem
Strang ziehen, dann erleiden wir Schiffbruch mit dem Laden! Ver-
steh doch! Es geht nicht um mich und meinen Stolz, obwohl ich
mir eine bessere Behandlung außerhalb unserer vier Wände schon
gewünscht hätte. Es geht um das Geschäft und überhaupt ...«
Hier verlassen wir die Szene ehelichen Austausches wieder
und werfen nur noch einen letzten Blick auf das Bett des Paares.
Es steht frei im Raum und hat einen Betthimmel auf vier Holz-
säulen, zwischen denen Gardinen gespannt sind. Wenn ein Ehe-
mann der Ehefrau (oder umgekehrt) in diesem intimen Rahmen
Vorwürfe machte, dann nannte man das spaßhaft *eine Gardinen-
predigt halten.* Die gibt es übrigens auch in England, wo die nächt-
liche Mahn- und Strafrede ganz genauso, nämlich *curtain lecture*
heißt.

VI. FÜR GOURMETS UND GENIESSER

Das Buffet der Redensarten

Die Sprache gleicht einem Schlaraffenland, in dem wir hemmungslos schlemmen dürfen. Fast alles, was man essen kann, ob Sauerkraut, Radieschen oder Tomaten, kommt in Redensarten und Sprichwörtern vor. Die Ursache für diese Beliebtheit liegt einerseits in der Alltäglichkeit des Essens begründet, andererseits im Gegenteil, dass es eben oft nichts zu essen gab. In Notzeiten nahm man es noch ernster, wenn jemand *etwas ausgefressen* oder *das Maul zu voll genommen* hatte. Die Regel *erst kommt das Fressen und dann die Moral* hat zwar Bertolt Brecht auf den Punkt gebracht, sie galt aber schon Jahrtausende zuvor.

Unsere Luxusprobleme wie das Kalorienzählen hätten viele unserer Zeitgenossen in ärmeren Gegenden gern. Ein ernstzunehmender Spruch wie »One moment on your lips, forever on your hips« klingt in Hungergebieten bloß zynisch. Denkt man über solche Ungerechtigkeiten nach, hat man manchmal Gefühle, die wiederum mit dem Essen zu tun haben: Da ist der Ärger, den man *in sich hineinfrisst*, die Wut, die *einen anfrisst*, und die Not, die einem bisweilen *auf den Magen schlägt*. Der ewige Hunger *steht einem bis hier*. Man kann *Schiss bekommen*, denkt man daran, was uns aus diesem essentiellen Problem noch alles blühen kann. Deshalb wendet man sich oft resigniert wieder ab.

Ein bisschen – ein kleiner Bissen also – Änderung brächte aber schon etwas, und sei es, das Essen wertzuschätzen und sich, ob Speisen oder Behauptungen, nicht mehr alles *auftischen zu lassen*, sondern *jemanden abzuservieren*, wenn man *die Schnauze voll hat*.

Die Welt hat genug für jedermanns Bedürfnisse,
aber nicht für jedermanns Gier.

Mahatma Gandhi

Delikatessen

Wann haben Sie das letzte Mal ein Buch verschlungen? Letzte Woche oder in Kindertagen? Mir hat das Bild immer eingeleuchtet, dass man sich Literatur wie Essen einverleibt. Wie die Nahrung nimmt man Wörter zu sich, und so wie man vieles wieder ausscheidet, so ist auch vom Inhalt der Bücher manches nur schwer oder gar nicht verdaulich. Geschmack ist denn auch die wichtigste Kategorie beim Beurteilen der Werke. Das kann man wörtlich nehmen: Ab und zu stößt einem ein Buch auf, ein anderes dagegen genießt man häppchenweise, das dritte schmeckt einem gar nicht. Elegante Formulierungen oder spannende Inhalte tun einem gut wie Vitamine und sekundäre Pflanzenstoffe.

Nun, *es muss nicht immer Kaviar sein*, wie Johannes Mario Simmel seinen spannenden und komischen Roman voller Kochrezepte betitelte, aber es fördert den Genuss von Speisen ebenso wie den der Kunst, wenn man Unterschiedliches ausprobiert und die Gipfel des Geschmacks nicht nur dort sucht, wo die Allgemeinheit sie vermutet. Es gilt natürlich: *Die Geschmäcker sind verschieden.* Im alten Rom hieß es jedoch: *Über Geschmack kann man nicht streiten.* Damals gab es feste Regeln, wie Kunst zu sein habe, widersprach sie denen, war es einfach keine.

Unsere Freiheit in Geschmacksfragen machte die Sache komplizierter und oft langweiliger, wenn man sich damit begnügt, dass jeder seine eigenen Vorlieben habe. Interessant wird es aber erst, wenn jemand seine Gründe nennt, warum ihm etwas schmeckt. Wie sehr fühlt sich eine Köchin oder ein Koch geschmeichelt, loben die Gäste das Essen nicht nur mit einem allgemeinen »Schmeckt sehr gut!«, sondern im Detail. Da schmeckt dem einen der Klacks Senf in der Vinaigrette besonders, der anderen der Kardamom in der Sauce, dem dritten die bissfesten Möhrchen, der vierten gefällt die Übereinstimmung der Speisefarben mit denen der Tischdekoration.

Weil man auf manches nicht achtet, das anderen auffällt, vor allem aber weil eine gute Unterhaltung über das Essen oder die Kunst unsere Sinne weckt, trägt sie viel zum Genuss bei.

Alles Wurst

Jedes Jahr, wenn die Kirchweih in dem Bamberger Stadtteil stattfindet, in dem ich wohne, freut mich der Anblick der vielfältigen Köstlichkeiten aus der Region. Der Metzger prostet uns zu, obwohl wir selten von seinen prächtigen Fleischwaren kaufen. Das ist ihm einfach wurst. Und davon versteht er eine Menge. Er weiß sicher, dass die Redewendung *das ist mir wurst* nicht von den oft schwer definierbaren Füllstoffen herkommt: Angeblich war es den Metzgern wurst, was da alles seinen Weg in die Hülle fand. Tatsächlich ist es wohl schlicht die Verkürzung der älteren Form: *Das ist mir Wurst wie Schale*, also gleichgültig. »Wurst« stand früher auch für die Wursthaut, so dass hier zwei Umhüllungen gleichgesetzt wurden.

Eine andere Erklärung bezieht sich darauf, dass es keine Rolle spiele, an welchem Ende man eine Wurst anschneidet, woraus wiederum die tröstliche Weisheit entstanden sei, die es zum Gassenhauer brachte: »Alles hat ein Ende, nur die Wurst hat zwei.«

Das schöne Wort *Wurst wider Wurst* hat ebenfalls mit Gleichheit zu tun, allerdings der gegenseitigen Gabe von Würsten am Schlachttag. Nachbarn halfen sich dabei und bekamen zum Dank Würste. Mal der eine, mal der andere; anders gesagt: »Eine Liebe ist der andern wert.« War man reich, hatte man oft Schlachttag. Dann gab es so viel Fleisch im Haus, dass man sogar *mit der Wurst nach der Speckseite werfen* konnte; ein Ausdruck, der überflüssigen Luxus und unnötigen Aufwand beschreibt.

Schade, dass auf der Kirchweih die Kinder heute nicht mehr Wurstschnappen spielen. Ich habe das seinerzeit mit viel Begeisterung getan und ohne zu wissen, dass dieses Spiel Ursprung der Redensart *Jetzt geht's um die Wurst!* ist. Aber heute wollen sich eben selbst Kinder nicht mehr gern *zum Hanswurst machen*. Das ist eine komische Figur, die man seit dem 16. Jahrhundert verlacht. War der Hanswurst erst ein Spottname für dicke Leute, die in ihre Kleidung gestopft waren wie die Wurst in die Pelle, wurde er später zur Bezeichnung für Dummköpfe und schließlich über den Umweg des Narren zur deutschen Version des Harlekins. Das passte doppelt gut, weil hierzulande Hans der allgemein gebräuchliche Männername und Wurst die beliebteste Speise war. So beliebt übrigens, dass sich der Philosoph Immanuel Kant Buchhonorare in Würsten hat auszahlen lassen, und das, als er bereits berühmt genug war, *um eine Extrawurst gebraten zu bekommen*. Das schöne Wort für die Einforderung einer bevorzugten Sonderbehandlung ist vieldeutig, denn es kann bedeuten, dass jemand eine Wurst zusätzlich will, eine extrafeine Wurst oder einfach eine, die anders ist als die für die anderen Esser. Der Sinn bleibt in jedem Fall gleich, so dass es wurst ist, woran man dabei denkt.

Essig ist auch ein Sohn des Weins.
Jüdisches Sprichwort

Hauptsache, weit weg

Die Fahrt wollte kein Ende nehmen. Immer in Küstennähe hatte sich Vasco da Gama gehalten, wie die portugiesischen Entdecker in den Jahrhunderten vor ihm. Mit einem großen Unterschied: Er und seine kleine Flotte aus vier Schiffen segelten auf der anderen, der unbekannten Seite Afrikas. Monatelang orientierten sie sich nach Norden auf einer Route, die kein christlicher Seefahrer je befahren hatte. Wie oft waren sie Riffen gefährlich nahe gekommen oder Untiefen, manche Sandbänke hatten sich wohl eine Meile weit ins Meer erstreckt. Und die schwarzen Einwohner des Landes ließen sich gelegentlich blicken, näherten sich dann und wann in ihren Ruderbooten. Mit ihren hundertfünfzig Mann fühlte sich die Besatzung jedoch sicher.

Gefährlicher wurde es dann, als sie auf arabische Kaufleute trafen: Als sie im April 1498 in Mombasa ankamen, witterten die Araber sofort, dass ihnen aus diesen Fremden unliebsame Konkurrenz erwachsen könnte. Deshalb setzten sie alle Hebel in Bewegung, um die Portugiesen aufzuhalten. Doch die konnten glücklich entkommen und die Mitbewerber der Araber aus dem nördlichen Malindi dazu bewegen, ihnen einen erfahrenen Navigator für die weite Fahrt über den Ozean nach Indien zur Verfügung zu stellen.

Am 20. Mai erreichten sie endlich die indische Küste. Vasco da Gama und seine Leute jubelten. Nun ging es darum, kostbare Gewürze wie Nelken, Zimt und vor allem Pfeffer einzukaufen, die in Europa oft mit Gold aufgewogen wurden. Die Einkäufe waren rasch erledigt, die Heimat aber erreichten sie erst ein gutes Jahr später. Erleichtert schwärmten sie dort von Indien, dem Land, wo der Pfeffer wächst. Und jetzt kann man sich vorstellen, wie weit entfernt man sich jemanden wünscht, zu dem man sagt: *Geh dahin, wo der Pfeffer wächst!*

Immerhin ist das noch netter, als jemanden gleich *zum Teufel zu wünschen.* Auf die Teufelsinsel in ihrem Übersegebiet Guyana verbannten die Franzosen ab dem 19. Jahrhundert unliebsame Zeitgenossen wie Alfred Dreyfus. Die kleine Insel trug ihren Namen wegen ihres mörderischen Klimas und wurde bald so berüchtigt, dass man fälschlich meinte, sie sei das Pfefferland aus der Redensart.

Der Duft eines Pfannkuchens bindet stärker ans Leben als alle philosophischen Argumente.
Georg Christoph Lichtenberg

Kein Geld

Wer vor fünfhundert Jahren um »Hülle und Fülle« arbeitete, bekam kein Geld als Lohn, sondern nur Kost und Logis. »Hülle« bezeichnete die Kleidung und »Fülle« das Essen. Weil man die Redewendung ironisch verwendete oder weil »Fülle« wie im Wort »Füllhorn« positiv verstanden wurde, entwickelte sich für *in Hülle und Fülle* die Bedeutung »etwas im Überfluss haben«.

Zu viel Zug

Die weit verbreitete Redewendung *es zieht wie Hechtsuppe* bereitet den Sprichwortexperten Kopfzerbrechen, was gar nicht so selten vorkommt, sind Redensarten und Sprichwörter doch häufig sehr alt oder aus einer Laune heraus entstanden und manchmal nur regional verbreitet. Zwei gute, wenn auch nicht hundertprozentig belegbare Erklärungen gibt es, wobei sie sich vielleicht sogar gegenseitig beeinflusst haben.

Die eine zeugt wieder einmal von der Freude am Wortspiel. Man habe das notwendige Ziehen einer Fischsuppe zur Geschmacksintensivierung mit dem Ziehen der Luft, die durch Türen oder Fenster unangenehm hereinstreicht, verbunden. Das klingt wahrscheinlich, zumal es mit dem Alltag der Menschen zu tun hat.

Die andere Erklärung geht auf das Jiddische zurück, wo »Hech supha« etwa »wie ein starker Wind«, »Sturm« oder »Windsbraut« bedeutet, woraus sich im deutschen Volksmund dann die Umdeutung in »Hechtsuppe« ergeben habe.

> *Wenn du Bambussprossen isst, denke an den Mann,*
> *der sie gepflanzt hat.*
> Chinesisches Sprichwort

Voll fett

In Berlin soll angeblich in mageren Zeiten des frühen 20. Jahrhunderts ein Wirt mit dem Schild »Alles in Butter« für sein Lokal geworben haben. Das bedeutete also, bei ihm werde nicht mit minderwertigem Fett, sondern ausschließlich mit Butter gebraten und gekocht. Schließlich war seit 1875 die Margarine in Deutschland verbreitet.

Der Ausdruck ist allerdings älter. So weiß man, dass venezianische Glaswaren zum Transport über die Alpen in Fässern mit Butter eingelagert wurden. Erst kam eine Schicht Butter, dann Gläser, dann flüssige Butter und so weiter, bis das Fass voll war. Erkaltete die Butter, war alles sicher und fest gelagert: *alles in Butter* eben.

Fast noch seltsamer ist aber der Ausdruck *Gib ma Butter bei die Fische!* So sagt man, wenn jemand zum Punkt kommen, Klartext reden oder eine Sache endlich anpacken soll. Ursprünglich hieß der Ausdruck »Butter bei de Fische haben« und kam aus norddeutschen Landen, wo nur die Artikel »de« und »dat« gebräuchlich waren. Das »die Fische« – grammatikalisch schlicht falsch – ergab sich also wohl aus der Unsicherheit der Norddeutschen in Kasusfragen.

Wer sich Butter zum Fischgericht leisten konnte, der war wohlhabend, denn dieses Fett war teuer. Weil die Butter dem Fisch aber zur Vollendung verhalf, wandelte sich der Ausdruck, und man konnte jemanden auffordern: »Nun gib mal Butter bei die Fische!« Und weil es so nett klang, blieb – genau wie in »Nachtigall, ick hör dir trapsen« – die dem Dialekt geschuldete Eigenheit der Wendung auch in anderen Teilen des Landes erhalten.

Kulinarische Redensarten

1. *Ich fress einen Besen.* – Einerseits drückt man damit aus, dass man etwas für unmöglich hält, andererseits fragte man früh schon stocksteif Dastehende: »Hast du einen Besen verschluckt?«

2. *Den Löffel abgeben* – Die verhüllende Bezeichnung für das Sterben thematisiert gerade dieses Essinstrument, weil es über Jahrhunderte das übliche und oft sogar einzige war. Einen Löffel führte praktisch jeder mit sich, was auch daran lag, dass man gerade in der einfachen Bevölkerung in der Regel Eintöpfe, Suppen oder Getreidebreie aß. Wenn jemand also den Löffel abgab, war es mit ihm und dem Essen vorbei.

3. *Seinen Senf dazugeben* – Senf galt in deutschen Landen lange als ein übertriebenes, eigentlich unnötiges und zu scharfes Würzmittel, eine überflüssige Nebensächlichkeit beim Essen – wie manche Kommentare, die nichts zur Sache beitragen.

4. *Wie auf dem Präsentierteller* – Das alte Wort bezeichnet schlicht einen tablettartig gebrauchten großen Teller, auf dem Speisen oder Getränke herumgereicht, also den Gästen präsentiert wurden. Unangenehm, wenn man sich so allen Blicken ausgesetzt fühlt.

5. *Da haben wir den Salat.* – Aus dem italienischen Wort »insalata« für alle möglichen kalten, durchmischten Speisen – ursprünglich vor allem Blattsalate, die bei der Zubereitung nur etwas gesalzen wurden (»salato« heißt einfach »gesalzen«) – wurde im Deutschen das Wort »Salat«, bei dem sich die Bedeutung vom Gesalzenen auf das Durchmischte verschob. Auf diese Weise konnte es in der übertragenen Verwendung auch einen negativen Beiklang entwickeln, wie er in »Kabelsalat« oder »Bandsalat« greifbar ist; also im Sinn von »Mischmasch«, »Durcheinander«, »Chaos«.

6. *Olle Kamellen* – Man denkt sofort an klebrig kalte Karamellbonbons, die man hinter einem Sofa findet, aber ursprünglich ging es um die Heilpflanze Kamille, deren Kräfte umso mehr nachließen, je länger sie aufgehoben wurde.

7. *Ran an den Speck!* – Wer mit diesen Worten zu mutigem Handeln oder raschem Genuss aufgefordert wird, sollte aufpassen, denn eigentlich geht die Redensart auf die Mausefalle zurück, in der Speck tödlich lockt.

8. *Am Hungertuch nagen* – Im Mittelalter verhüllte man zu Beginn der Fastenzeit den Altar mit Stoffbahnen, die man bald »Hungertuch« nannte, aß man doch bis Ostern deutlich weniger, weil vieles verboten war und man zudem während des Winters von den Vorräten leben musste. Im Laufe der Zeit bildete sich die Redensart »am Hungertuch nähen« heraus, um »hungern« zu bezeichnen. Daraus entstand später, als man den Hintergrund nicht mehr kannte, das passende Bild des »Nagens«.

9. *Wie die Made im Speck* – Heute ein seltener Anblick, kam der Befall einer Speckseite mit Fliegenlarven früher bei längerer Lagerung häufig vor. Man denke nur an die eklige Szene in »Panzerkreuzer Potemkin«, wo die Soldaten empört die wimmelnde, weißliche Madenmasse auf dem Speck vorweisen. Den Maden hingegen musste dieser Aufenthaltsort als Paradies erscheinen.

10. *Den Rahm abschöpfen* – Vor den Zeiten der Pasteurisierung und Homogenisierung der Milch ließ man sie nach dem Melken oft einfach stehen. Dann setzte sich oben eine fettreiche Schicht ab, der Rahm. Schöpfte man ihn ab, hatte man das Beste der Milch erwischt.

Versprechen der Nacht sind mit Butter überzogen,
die in der Morgensonne schmilzt.

Ägyptisches Sprichwort

Kindertafel

Früher feierten wir in unserer Familie große Feste, bei denen oft mehr als zwei Dutzend Menschen zusammenkamen. Wir Kinder freuten uns schon lange vorher darauf, nicht zuletzt, weil wir am *Katzentisch* essen durften. Dort waren wir uns selbst überlassen und fern der Aufsicht der Erwachsenen. Außerdem gefiel uns schon allein das Wort. Natürlich war der Katzentisch viel kleiner als die Tafel der Großen.

Erst viel später erfuhr ich, dass der Ausdruck sich von einem deutlich größeren Essplatz herleitet: dem Boden. Das war eigentlich der Katzentisch, da die Katze üblicherweise von ihm aß. Schüsselchen und Schälchen für Haustiere waren noch unbekannt.

Als in der frühen Neuzeit Kinder an niedrigen Tischen extra gesetzt wurden, war ihr Essplatz schon von der Höhe her dem Boden näher als dem richtigen Tisch. Weil die Kinder nicht so viel zählten wie die Erwachsenen, bedeutete es für Jugendliche eine Herabsetzung, durften sie doch – noch – nicht an die Tafel der Großen. Daher übertrug sich der Ausdruck auf Nebentische für weniger bedeutende Gäste, die Bediensteten und oder ungünstig und abseits liegende Essplätze.

Peu à peu

Eine luftgetrocknete Salami ist nicht nur schmackhaft, sondern auch fett. Ähnlich wie bei gutem Schinken schneidet man sie deshalb in hauchdünne Scheiben. Dann schmeckt sie am besten.

Und wenn man jemandem etwas sehr vorsichtig beibringt, dann serviert man ihm die Wahrheit scheibchenweise, wie eine Salami eben. Und das nennt man dann *Salamitaktik*.

Honigmelonen-Lippen, Bittermelonen-Herz.
Chinesisches Sprichwort

Verrückt nach Liebe

Haben Sie schon einmal darüber nachgedacht, was Sie im Laufe Ihres Lebens alles verzehrt haben? 5000 Brötchen, 200 Hühner, 7 Rinder, 150 Schweine, 15 Tonnen Gemüse, drei Tonnen Obst, 70 Hektoliter Wasser, von Salz, Pfeffer, Zucker, Butter und Milch zu schweigen. Durchschnittlich trinkt jeder Bundesbürger in seinem Leben 8857 Liter Bier und 1881 Liter Wein. Ein lebenslänglicher Raucher qualmt 88287 Zigaretten. Da kommt ganz schön was zusammen.

Ein Besucher vom anderen Stern könnte allerdings auf die Idee kommen, wir fräßen noch ganz andere Sachen, wenn er einem Liebesdialog zuhörte: *»Ich hab dich zum Fressen gern!«* – *»Und ich hab einen Narren an dir gefressen!«* Die Vermutung, dass wir Kannibalen seien, liegt nahe.

Hinter dieser Übertreibung, dass man seinen Liebsten oder sein Kind am liebsten auffräße, steckt der Wunsch vollkommener Inbesitznahme. Was man sich einverleibt hat, gehört einem ganz allein.

Aber was hat es mit dem Narren auf sich? Nun, die Liebe verglich man schon immer mit dem Wahnsinn, weil sie die Menschen in eine Art geistigen Ausnahmezustand versetzte, der der Verrücktheit schon ähneln konnte. In abergläubischen Zeiten dachte man auch, dass Menschen von Dämonen zu seltsamen Handlungen getrieben würden, und man kannte die Wirkung bestimmter Pflanzen auf Pferde oder Kühe, die sich nach deren Verzehr wie wild gebärdeten. Da lag es nahe, jemandem, der sich närrisch verhielt, zu unterstellen, er habe wohl einen Narren gefressen. Das konnte ein Buchnarr sein, wenn jemand Bücher unmäßig liebte, ein Fressnarr, wenn jemand über dem Essen alles andere vergaß, und ein Liebesnarr, wenn jemand verrückt nach der geliebten Person war.

So sagte man erst: »Ich hab einen Narren gefressen«, um seine wahnsinnige Liebe auszudrücken. Weil die sich aber auf einen bestimmten Menschen bezog, änderte sich schon im späten Mittelalter die Wendung zu unserer Form: »Ich hab einen Narren an dir gefressen.«

Essig, der nichts kostet, ist süßer als Honig.
Türkisches Sprichwort

Rauchzeichen

Es war *anno Tobak*, da schipperte Kolumbus mit seiner Mannschaft gen Westen. Was ihnen alles begegnete, fanden seine Leute geradezu unglaublich. Am seltsamsten erschienen ihnen die Einwohner und ihre Gebräuche, was wohl auf Gegenseitigkeit beruhte. Geradezu teuflisch schien den Eroberern, wie die Indios mit Hilfe langer Röhren Rauch einsogen und durch Mund oder Nase wieder ausstießen. Wie sollte man diese unbekannte Gewohnheit und die Pflanze, die in den Rohren verbrannt wurde, nur nennen? Ein findiger Kopf unter ihnen war auf »tabaco« gekommen, denn so nannten die Indianer selbst ihre Rauchröhren. Deren Name wiederum erinnerte an die Insel Tobago, deren Umriss langgestreckt wie die indianischen Pfeifen war.

Jedenfalls gelangte das Rauchkraut mit den Spaniern als »tabaco« nach Europa, und überall hieß das Kraut so ähnlich, nur die Franzosen verwendeten öfter »tobaco«. Von denen übernahmen es die Deutschen, so dass eine Zeitlang die Wörter »Tobak« und »Tabak« Rivalen waren. Was sich durchgesetzt hat, ist bekannt. Ein Grund mehr, »anno Tobak« zu sagen, wenn etwas lang her war, denn es klang ja schon alt. Gleichzeitig spielte man mit dem Ausdruck *im Jahre Tabak* auf die Zeit an, als der Tabak nach

Deutschland kam. *Die Friedenspfeife rauchen* kam dagegen erst – wie die Wendung *das Kriegsbeil begraben* – mit den Indianerromanen James Fenimore Coopers und Karl Mays auf.

Wie populär das Rauchen schon im 17. Jahrhundert geworden war, sieht man an einer sehr bildhaften Redensart aus dieser Zeit, mit der man Nebelwetter beschrieb: Man sagte damals *die Hasen rauchen*.

Und selbst in raucherfeindlichen Zeiten wie heute wird die Redewendung *das kannst du in der Pfeife rauchen* nicht aussterben – ebenso wie der Tabak in der Pfeife sich *in Rauch*, also in nichts *auflöst*, so geht es mit den Absichten, Plänen oder Dingen, die man vergessen soll.

> *Es gibt größere Schiffbrüche in Wein als auf See,*
> *in Gläsern als auf Schiffen.*
>
> Deutsches Sprichwort

Innenansichten

Ein Männerideal alter Zeiten lebt fort in dem Spruch: »Harte Schale, weicher Kern.« Wie die Nüsse ihre begehrte Frucht vor allzu leichtem Verzehr schützen, so wappnete sich ein Mann mit rauem Gebaren, um sein goldenes Herz im entscheidenden Moment umso heller strahlen zu lassen. Bei manchem gehört die harte Schale aber nur zu einer total tauben Nuss, in der sich weder Herz noch Hirn finden.

Das ist das Tückische und Reizvolle an Nüssen: Ob einen Lohn oder Enttäuschung erwartet, weiß man erst nach dem Knacken. Wie schwer das sein kann, beweist die aus Australien stammende Macadamianuss. An ihrer Schale beißen sich selbst Nussknacker die Zähne aus.

Das galt früher wörtlich, denn man stellte Nussknacker meist in menschlicher Gestalt her. Ihr Unterkiefer war über einen Hebel am Rücken der Figur beweglich, so dass man ihren Mund öffnen, die Nuss hineinlegen, mit dem Herunterdrücken des Hebels den Unterkiefer heben und die meisten Nüsse knacken konnte. Es handelte sich oft um grob geschnitzte Figuren, weil sie aus hartem, widerstandsfähigem Holz sein mussten. Dementsprechend ergab sich die spöttische Wendung: *Der sieht aus wie ein Nussknacker.*

Es lässt sich offensichtlich die ganze Welt in der Nuss finden, wenn man nur genug Phantasie und Geschick hat. Noch heute bekommt man ganz erstaunlich filigrane Schnitzereien in Nussschalen dargeboten: Krippenszenen, ganze Städte, eine Arche Noah mit Tieren und nicht selten eine Weltkugel. Die Schnitzer verleihen dem heute weniger verbreiteten Ausdruck *in nuce*, also *in der Nuss* oder *in der Nussschale* Gestalt. Im alten Rom soll Cicero von einer Kurzfassung des homerischen Epos »Ilias« berichtet haben, die so knapp gefasst war, dass sie in einer Nuss Platz hatte. In nuce, das im Englischen als *in a nutshell* sehr gebräuchlich ist, bedeutet deshalb »in sehr konzentrierter Zusammenfassung«.

So beliebt sie waren, in unseren Breiten legte man kaum einmal Nussplantagen an. Stattdessen suchte man nach Haselnusssträuchern und Walnussbäumen in den Wäldern der Umgebung. Weil man dort unbeobachtet von den Dorfbewohnern war, ergab sich die Redensart *in die Nüsse* oder *Haseln gehen*, mit der man zärtliche Stunden umschrieb.

Gott gibt die Nüsse, aber er knackt sie nicht.
Deutsches Sprichwort

Keine andere Wahl

Wenn man klein beigeben muss, um etwa seinen Job oder seine Ehefrau zu behalten, benutzt man gern das Sprichwort: *Friss, Vo-*

gel, oder stirb! Die Wendung war schon vor fünfhundert Jahren beliebt und stammt aus dem Bereich der Vogeldressur. Um Vögel *kirre* – das mittelhochdeutsche Wort für »zahm« – *zu machen*, gab man ihnen immer nur dasselbe Futter. Das mussten sie von dem Menschen, der sie zähmen wollte, annehmen – oder eben krepieren.

Tabak ohne Kaffee ist wie ein Fürst ohne Pelz.
Ägyptisches Sprichwort

Feuchtfröhliche Redensarten

1. *Er sieht aus wie Weißbier.* – Gibt es eine nettere Beschreibung für einen blassen Menschen?
2. *Wie sauer Bier anpreisen* – Jahrhundertelang diente Bier als Grundnahrungsmittel. Auf dem Land brauten viele Höfe ihr eigenes Bier, in der Stadt verkauften es Brauereien, und das taten sie auch manchmal dann noch, wenn es sauer, also umgekippt war, was bei damaligen Hygienestandards schnell einmal passierte. In diesem Fall brauchte man einen sehr talentierten Marktschreier, um das saure Bier jemandem unterzujubeln.
3. *Nicht mein Bier* – Biertrinker gelten als ruhige, ja lethargische Menschen, weshalb man auch von der *Bierruhe* spricht, die einer hat. Seine Trinkleistung beweisen der *Bierbauch* und sein *Bierbass*. Und weil Bier in Deutschland einfach dazugehört, kann man das Wort auch gleichbedeutend mit »Sache« oder »Angelegenheit« verwenden.
4. *Die Nagelprobe machen* – Das Glas heben, dem anderen zuprosten, austrinken, das Glas umdrehen, mit dem Rand auf den Fingernagel stellen – der Tropfen, der sich dann noch im Glas befindet, darf höchstens so groß sein wie der Nagel. Fertig ist die Nagelprobe und damit der Beweis, wie sehr man den anderen schätzt.

5. *Abwarten und Tee trinken* – Ein Großmuttermerkvers lautet: »Der Tee muss ziehen, der Kaffee darf sich setzen.« Man goss das heiße Wasser direkt aufs Kaffeepulver und wartete dann kurz, bis sich der Kaffeesatz gesetzt hatte. Beim Tee musste man einfach etwas länger warten, bis die Teeblätter ihr Aroma abgegeben hatten. Außerdem galten Teetrinker als gelassene Menschen, Kaffeetrinker dagegen als Hektiker.

6. *Das ist ja Blümchenkaffee.* – Tassen mit floralem Muster waren lange Zeit sehr beliebt. War der Kaffee zu dünn, sah man die Blümchen auf dem Grund. Damit war der Gastgeber als Geizkragen oder Gesundheitsapostel entlarvt.

7. *Eine Durststrecke vor sich haben* – Ein Wanderer erreicht die Wüste und weiß, dass ihm bis zur nächsten Oase ein langer Weg der Entbehrung bevorsteht.

8. *Einen Toast ausbringen* – Der Trinkspruch rührt daher, dass man in der frühen Neuzeit in England, bevor man auf jemanden trank, geröstetes Brot, eben Toast, in sein Glas tunkte. Angeblich entfernte man damit Verunreinigungen aus dem Getränk.

9. *Jemandem reinen Wein einschenken* – Wein trübte früher oft ein, außerdem streckte man ihn mit Wasser oder würzte ihn. Fast nie bekam man also »reinen Wein eingeschenkt«, obwohl es doch hieß »in vino veritas«, »im Wein ist die Wahrheit«. So konnte sich der Ausdruck einbürgern für den seltenen Fall, dass einem die unverblümte Wahrheit aufgetischt wurde.

10. *Junger Wein in alten Schläuchen* – Seit der Antike bewahrt man in südlichen Ländern Wein oft in Lederschläuchen auf, da sie leichter und flexibler als Amphoren sind. Allerdings konnten sie im Lauf der Zeit porös und steif werden. Alte Schläuche eignen sich also nicht, Most aufzunehmen oder jungen, noch gärenden Wein, der sie leicht zum Platzen bringen konnte.

Schräges Gemüse

So richtig schön sehen sie nicht aus: picklige, krumme, kleine, grüne Dinger. Dazu liegen sie zur Hauptverkaufszeit auch noch auf einem großen Haufen durcheinander. Die Gurke hat es nicht leicht im Deutschen, zumindest nicht die massenhaft auftretenden traditionellen Einlegegurken.

Warum die Gurke so oft Negatives bezeichnet? Das Krumme ist schon immer ein Kennzeichen des Schlechten. So heißt es in der Bibel vom Messias: »Das Krumme macht er grad.« Daher und von ihrer schieren Menge – sie wurde ja schockweise verkauft – kommt die Verbindung mit abwertenden Ausdrücken. Auch die *Gurkenmannschaft* und das *Vergurken* oder *Herumgurken* haben damit zu tun. Einerseits weil die krumme Gurke für das steht, was wenig wert ist, andererseits für Umwege und misslingende Flugbahnen. So sagt man auch *Gurkenball*, wenn ein Schuss völlig danebengeht. Dass sie spöttisch eine Nase oder einen Penis bezeichnen kann, versteht sich von selbst.

Bei der *Sauregurkenzeit* hingegen handelt es sich um eine der vielen volkstümlichen Umdeutungen. Ausgangspunkt ist die Redewendung »zóress- und jókresszeit« aus der Gaunersprache Rotwelsch, die von den hebräischen Ausdrücken »zarót« und »jakrút« kommt. Diese bezeichnen eine Zeit des Leidens und der Teuerung, woraus der Volksmund die sauren Gurken machte. Damit ging allerdings der Zusammenhang mit der Preissteigerung verloren. Man wusste nur noch, dass es sich um eine Zeit des Mangels, der Abwesenheit handelte. Also erklärte man sich den Ausdruck so, dass in den Sommerwochen – eben zur Reife- und Einlegezeit der Gurken – die Geschäfte schlechter gingen, weil alle Welt in Urlaub sei. Damit entwickelte sich der Begriff dann erst zur Bezeichnung für die Parlamentsferien, in denen die Presse weniger zu schreiben hatte, und schließlich für das angeblich nachrichtenärmere Sommerloch.

Das Land der Schlaffis

Grießbrei, Grießbrei und nochmals Grießbrei. Doch um an sein Ziel zu kommen, war Balduin Blähbauch keine Anstrengung zu groß. Außerdem sah es so aus, als näherte er sich dem Ende. Tatsächlich, es brauchte nur noch ein paar Dutzend kräftiger Bisse, da guckte sein Kopf heraus. Mit einem Ruck durchbrach sein restlicher Körper die Barriere aus Grießbrei.

»Ach, wie bin ich froh!«, wollte er ausrufen, doch schon beim »A« *flog ihm eine gebratene Taube in den Mund.* Kauend sah er sich um: Bäche von Bier und Wein, Bäume aus Zucker, Tortenberge, Zäune, aus denen Bratwürste wuchsen, Spanferkel mit Vorlegebesteck im Rücken rissen sich lustig quiekend darum, gefressen zu werden. Er legte sich unter einen Baum. Da *fielen ihm die reifen Früchte in den Schoß.* Er war wirklich angekommen: im *Schlaraffenland*, der Heimat der Faulen, dem Land der Freien.

Der Name dieses Paradieses, das im 14. Jahrhundert erdacht wurde, kommt vom mittelhochdeutschen Wort für Faulpelz »slūr«. Verbunden mit »affe«, was »Narr« und »Tor« bedeutete, wurde »slūraffe« zum Schimpfwort für Fresser und Nichtstuer. Mit der Lautverschiebung kam es erst zum Schlauraffen und dann zur heutigen Form: Schlaraffenland.

VII. Wissen oder Nichtwissen, das ist hier die Frage

Wissen, woran man ist

Pappenheim ist ein hübscher Ort im Südwesten Deutschlands. Dort ist das Grafengeschlecht derer von Pappenheims zu Hause, und einer dieses Namens führte im Dreißigjährigen Krieg ein berüchtigtes Regiment. Das wäre lange in Vergessenheit geraten, hätte nicht ein Klassiker sich seiner angenommen. Friedrich Schiller lässt in einer dramatischen Szene seiner Tragödie »Wallenstein« den Titelhelden und Feldherrn ausrufen: »Daran erkenn ich meine Pappenheimer.« Das wurde ein geflügeltes Wort, das in vielen Varianten verbreitet ist. Wallenstein lobt an dieser Stelle eigentlich Mut, Treue und Kampfgeist der Pappenheimer. Im Dramenverlauf nimmt übrigens weder er selbst es mit der Treue besonders genau, noch tun dies die Pappenheimer, aber merkwürdigerweise setzte sich das Zitat als Ausdruck für die genaue, intime Kenntnis einer Person oder einer Personengruppe durch, manchmal auch einer Sache.

Wie so oft schliff sich die Grundbedeutung durch Ironisierungen ab, so dass man den Lobspruch heute überwiegend als abschätziges Urteil hört. *Ich kenne meine Pappenheimer* heißt deshalb meist: »Ich habe sie durchschaut. Die können mir nichts vormachen!«

> *Wenn der Regen auf den Leoparden fällt, nässt er ihn,*
> *aber er wäscht nicht seine Flecken ab.*
>
> Ashanti-Sprichwort

Fußballfans wurden in den letzten Jahren immer fröhlicher und ausdauernder, aber leider auch lauter. Dass sie *von Tuten und Blasen keine Ahnung* hätten, kann jedenfalls niemand mehr behaupten. Hinter der Wendung steckt der wenig angesehene Beruf des Nachtwächters, dessen Aufgabe es war, vor Feinden, Dieben und Feuer zu warnen. Dafür genügte es, Augen im Kopf zu haben und ein Horn laut genug blasen zu können.

Weil sie »die Nacht zum Tage machten«, waren die Nachtwächter bei Tage oft übermüdet und geistesabwesend. Kein Wunder, dass man bald all diejenigen als *Nachtwächter* bezeichnete, die etwas begriffsstutzig oder Versager waren. Wer aber nicht einmal von Tuten und Blasen etwas verstand, der war noch dümmer.

Die Nachtwächter hatten berufsbedingt ein enges Verhältnis zu allem Nächtlichen. Sie wussten, dass *nachts alle Katzen grau sind*, weil das Licht fehlt, das ihre Farben sichtbar werden ließe, oder dass eine Uhr nicht *nach dem Mond gehen* sollte. Der Mond galt seit alter Zeit als trügerischer Planet. Auf ihn konnte man sich nicht verlassen. Wer es doch tat, der *schaute in den Mond*, eine dumme und fruchtlose Tätigkeit, wurde also enttäuscht oder ging leer aus.

Eine weitere Aufgabe der Nachtwächter in Zeiten vor Einführung der Straßenbeleuchtung bestand darin, Bürger nach Hause zu geleiten. Hierher stammt unser Wort, *jemandem heimleuchten*. Die Berufspflicht wandelte sich zur Drohung, weil man alle, die sich heimleuchten ließen, als Angsthasen ansah, die sich vor der Dunkelheit fürchteten. Sie hatten unter echten Kerlen nichts zu suchen. Man leuchtete ihnen heim und meinte damit, dass man ihnen grob die Meinung sagte.

Das oblatendünne Eis unseres halben Zweidrittelwissens.
Sarah Kuttner

Alles im Kopf

Wenn jemand ein As ist in seinem Handwerk oder seinem Fachgebiet, sagt man, er *beherrsche es aus dem ff*. Mancher kennt das Doppel-F aus Partituren, wo es für Fortissimo, also sehr große Lautstärke steht. Ältere Semester erinnern sich vielleicht noch an das »ff« als Qualitätsbezeichnung von Waren. Das kam vom italienischen »finissimo« und bedeutete »besonders fein«. Das klingt beides nicht schlecht, doch warum heißt es »aus dem ff«?

Dahinter steckt eine juristische Abkürzung. Man bezeichnete einen Teil des »Corpus iuris civile«, also des alten römischen Rechts, wie es später überliefert wurde, mit »ff«. Eigentlich hieß dieser Teil die »Pandekten« (»das Allumfassende«) oder »Digesten« (»Geordnetes«). Dass daraus »ff« wurde, lag wohl an schludrigen Schreibern. Schließlich wurden diese Texte lange vor dem Druck immer wieder abgeschrieben, wobei ein griechisches π (für »Pandekten«), bei dem der Querstrich – vielleicht aus Tintenmangel – unterbrochen wurde, schon wie ein »ff« aussehen konnte. Auch ein lateinisches d (das man für »Digesten« verwendete), das einen Abkürzungsstrich durch die Oberlänge bekam, konnte in die Irre führen. Ein Querstrich über einem oder durch einen Buchstaben konnte schließlich auch als Verdopplungszeichen verstanden werden, so dass sich ein »dd« mit einem Strich durchaus als »ff« fehllesen ließ.

Sicher ist, dass die Pandekten und Digesten über Jahrhunderte mit »ff« abgekürzt und zitiert wurden, sogar bis ins 18. Jahrhundert hinein. Da Juristen sich auf dieses Fundament ihrer Wissenschaft stützen mussten, ist diese Herleitung sehr wahrscheinlich. Wenn einer das Rechtsfach verstand, dann kannte er sich exzellent aus in den Pandekten und Digesten. Andererseits bedeuteten diese Schriften gesichertes Wissen. Was aus dem »ff« stammte, war in Ordnung und verlässlich. Wenn einer *etwas aus dem ff (Effeff) versteht*, dann stützt er sich also auf eine exzellente Wissensbasis.

Heimweh

Der Erste Weltkrieg. Wurde er noch mit Hurra begonnen, versanken die Soldaten schnell im Matsch der Gräben, im Stellungskrieg, in der Materialschlacht und im Elend. Kein Wunder, dass sich in diesem Chaos unter den Soldaten an der Front die Redensart *nur Bahnhof verstehen* herausbildete, denn alles, was man wollte, war, zurück in die Heimat zu kommen. Was immer jemand erzählte, man wünschte sich nur, »Bahnhof« zu hören und damit die Möglichkeit, fort von der Front zu kommen. Dieses Missverstehen ist zwar verständlich, aber trotzdem ein Paradebeispiel für Verständnislosigkeit, für die die Redensart steht.

Unter einem alten Hut ist oft ein guter Kopf.
Norwegisches Sprichwort

Hätten Sie's gewusst?

1. *Dumm wie Bohnenstroh sein* – Ursprünglich hieß es »grob wie Bohnenstroh sein«. Das bezog sich auf Menschen, die zu arm waren, sich Getreidestroh für Schlafstrohsäcke zu leisten. Stattdessen mussten sie Saubohnenstroh nehmen, das nur als Streu für Tiere verwendet wurde. Wer so primitiv gebettet war, galt selbst als grob, unkultiviert und schließlich als dumm.
2. *Sich etwas hinter die Ohren schreiben* – In den Zeiten vor GPS und genauen Karten gab es bis ins 19. Jahrhundert hinein die Feldgeschworenen, die beim Grenzsteinsetzen

peinlich genau auf alle Details achteten, um Grenzstreitig-
keiten zu vermeiden. Sie nahmen als Begleiter immer einen
Jungen mit, dem man alles erklärte und zeigte, ihn dabei am
Ohr zog und ihm dazu oft noch eine heftige Ohrfeige gab.
Man hoffte, er werde sich dank des Schlages an alle Details
erinnern, und nannte die Sache launig »jemandem etwas
hinter die Ohren schreiben«.

3. *Auf den Trichter kommen* – Das Bild leuchtet ein: Wissen
wird hier als Flüssigkeit verstanden, die man jemandem
mit Hilfe eines Trichters einflößt. Kein Wunder, dass
schon seit dem 16. Jahrhundert einige Autoren ihre Lehr-
bücher »Trichter« nannten. Besonders berühmt wurde das
Buch »Poetischer Trichter« – ein Reim- und Dichtlehrbuch
des Nürnberger Autors Georg Philipp Harsdörffer, mit
dem man einfach und schnell das Dichten erlernen sollte.
Das Buch wurde als *Nürnberger Trichter* redensartlich. Damit ist klar: Wer »auf den Trichter kommt«, hat etwas verstanden und kann es.

*Man könnte den Menschen geradezu als ein Wesen
definieren, das nicht zuhört.*

Kurt Tucholsky

Schmerzhafte Erinnerung

»Der junge Herr ist wieder da! Schnell, kommt her!« Die alte
Anna ließ außer sich vor Freude ihre Harke fallen, denn dort im
Hofeingang stand ihr Liebling, der kleine Johannes. Allerdings
war er nicht mehr klein. Schließlich lagen drei Jahre auf der hö-
heren Schule zu Köln hinter ihm. Sogar ein Bärtchen hatte er sich
wachsen lassen, und er trug dunkle Kleidung, die in dieser bäuerlichen Umgebung besonders elegant wirkte. »Junger Herr, diese

Freude!« Anna zog den Widerstrebenden an sich und gab ihm auf jede Wange einen dicken Kuss. Da rief Johannes: »Vade retro, ancilla!«

Anna ließ ihn vor Schreck los, denn sie verstand kein Wort. »Hallo, Herr Sohn! Auch mal wieder im Lande. Warum schreibt er uns nicht von seiner Ankunft?« Der Vater trat heran und hieb ihm mit seiner Pranke auf die schmächtigen Schultern. »Deu sal, pater! Felix qui potuit rerum cognoscere causam.« Dem Vater blieb die Spucke weg, als er dieses Kauderwelsch hörte. »Aber Hannes, lieber Johann, du sprichst ja gar zu wunderlich. Hast du denn deiner Mutter Sprache ganz verlernt?« Die Mutter wollte es nicht glauben, doch Johannes gab nichts Verständlicheres zur Antwort als: »Gratia vester!« Verblüfft standen sie um ihn, der irre geworden zu sein schien, herum. Endlich fragte die Mutter: »Hast du Durst?« Alles, was sie hörten, war: »In taberna quando sumus, non curamus quid sit humus.«

»Ja, kennst du denn nicht einmal mehr eine Harke?«, fragte Anna und zeigte auf ihr Arbeitsgerät. Doch Johannes schüttelte nur den Kopf.

So stolz stand er da, so fremd tat und sprach er, dass sie nun alle zweifelten, ob er es überhaupt sei. Schüchtern wiesen sie mit ihren Händen zum Haus. Hocherhobenen Hauptes schritt Johannes der Türe zu – und vergaß dabei die Harke auf dem Boden. Er trat auf die Zinken, und die Hebelgesetze ließen den Stiel sehr unsanft auf seine Nase schlagen. »Verdammte Harke! Verdammt, verdammt! Welch tumber Mensch hat sie dort liegenlassen?« Im Schmerz sprach Johannes plötzlich wieder mehr als deutlich und ließ die lateinische Angeberei sein.

Dieser alte Schwank liegt dem Ausdruck *jemandem zeigen, was eine Harke ist* zugrunde, der schon im 13. Jahrhundert bekannt war. Er wurde in immer neuen Varianten erzählt, aber immer geht es um einen prahlerischen Bauernsohn, der so tut, als sei er seiner bäuerlichen Herkunft ganz entfremdet und erkenne selbst die Harke nicht mehr. Erst als sie ihm auf die Nase schlägt, verrät er sich und fällt aus der Rolle.

Die beliebte Geschichte vom ertappten Dampfplauderer führte erst zu verschiedenen Redensarten wie: »Er kennt die Harke nicht mehr.« Das hieß so viel wie: »er hat die Muttersprache vergessen« oder »es hat ihm die Sprache verschlagen«. Die heute noch gebräuchliche Redensart »jemandem zeigen, was eine Harke ist« spielt ebenfalls auf die Geschichte an und droht gleichzeitig mit schlagartiger Erkenntnis. Richtete sich die Wendung zunächst an einen Menschen, der etwas nicht begreift oder begreifen will, wurde daraus im Laufe der Zeit eine Art der Selbstermunterung, nach dem Motto: »Dem werde ich beweisen, dass ich es sehr gut kann, weshalb er noch lange daran denken wird.«

Wenn die Sahara dich lehrt, Allah zu bitten, so lehrt dich die Oase, ihm zu danken.

Arabisches Sprichwort

Die besten Stücke

Im Augenblick der Erkenntnis sagt man gern: *Da liegt der Hase im Pfeffer!* Was macht er aber da? Sicher ist, dass Hasenragout auch Hasenpfeffer genannt wurde, weil man das Gericht in einer Würzsauce servierte und Pfeffer lange Zeit ein Sammelbegriff für Gewürze überhaupt war. Lag der Hase im Pfeffer, also in der Sauce, war es vorbei mit dem Gehoppel. Deshalb hatte die Wendung früher die Bedeutung »es ist aus« oder »nichts mehr zu machen«.

Gleichzeitig entwickelte sich noch eine ähnliche Redensart, nämlich: *wissen, wo der Hase im Pfeffer liegt.* Die Kenntnis, wo unter der undurchsichtigen Sauce die schönsten Hasenstücke verborgen lagen, war beim Essenfassen sehr hilfreich. Daraus entwickelten sich die Bedeutungen: »Das ist es also!« und »Das ist der entscheidende Punkt.«

Weisheit ist etwas Kaltes, also Dummes.
Ludwig Wittgenstein

Mit der Brechstange?

Wenn jemand ein richtiges Schlitzohr ist, dann sagt man *der weiß, wo Barthel den Most holt*. Schon fast vierhundert Jahre alt ist die Redensart, und es gibt unzählige Anekdoten, die ihre Bedeutung erklären sollen. Wahrscheinlich ist die Herkunft aus der Gaunersprache, in der Eisen – und deshalb auch die Brechstange – »Barsel« heißt. »Moos« hingegen bedeutet so viel wie »Geld«, was von dem jiddischen Ausdruck »ma'oth« für »kleine Münze« kommt. Dementsprechend könnte man den Ausdruck übersetzen: »wissen, wo man mit dem Eisen das Geld holen kann«, sprich: »einbrechen«.

Weniger wahrscheinlich ist die Herleitung von Bartholomäus oder Barthel, dem Beinamen des Storches, und der Überlegung, dass der »Most« möglicherweise mit »Mäusen« als Bezeichnung für Kinder zusammenhängen könnte – der Storch wüsste, wo die Kinder herstammen. Na ja.

Mittelmäßig überzeugend ist die Erklärung mit Hilfe des bäuerlichen Kalenders, in dem Heiligentage das Jahr streng regelten. Der Tag des heiligen Bartholomäus ist der 24. August, der für die Winzer besonders wichtig ist, weil es der früheste Termin für den Beginn der Weinernte ist. Man nannte ihn einfach »Barthel«. Am 24. August gibt es also noch keinen Weinmost. Wer dennoch weiß, wo man an diesem Tag Most holen kann, der kennt sich ganz besonders gut aus und ist ein rechtes *Schlitzohr*, ein Begriff, der von der Strafpraxis des Ohrläppchenschlitzens herrührt. Damit konnte man unehrliche Menschen, die es mit unlauteren Tricks versuchten, gleich erkennen.

Was nun die Erklärung der Redensart anbelangt – da bin ich Demokrat. Suchen Sie sich die aus, die Ihnen am besten gefällt.

Wir wissen niemals alles über das kleinste, bescheidenste Ding.
Bonaventura

Lange vor Knut

Im Dreißigjährigen Krieg kämpften die Nationen und Konfessionen Europas gegeneinander, Schauplatz der Schlachten waren jedoch meist die deutschen Landen – zum Leidwesen der Bevölkerung. Als es für die protestantischen Reichsfürsten schlecht aussah, kam ihnen König Gustav Adolf aus Schweden zu Hilfe, wodurch es allerdings noch größere Verwüstungen gab, denn auch die schwedische Armee musste sich irgendwie versorgen. Viele Orte in Deutschland besitzen deshalb ihre Schwedenschanze, mit der man versuchte, die Schweden aufzuhalten. Mancher weiß vielleicht noch vom Brauch des Schwedentrunks, bei dem man ein übergroßes Gefäß mit Wein auf einen Zug leeren musste beziehungsweise gezwungen wurde, Jauche zu saufen. Noch Jahrhunderte nach ihrem Eingreifen in die deutsche Geschichte tauchten die nordischen Krieger in Kinderschrecksprüchen oder -liedern auf.

Die protestantischen Preußen hingegen schätzten ihre Verbündeten, weshalb einige von ihnen nach dem Ende des Dreißigjährigen Krieges in der Armee des Großen Kurfürsten als Ausbilder Karriere machten. Diese skandinavischen Soldaten nannte man respektvoll »die alten Schweden«. So lag es auf der Hand, einen echten Mann mit dem lobenden Wort zu bezeichnen: *alter Schwede!* Heute hört man den Ausdruck ganz allgemein als Ausruf angenehmer Überraschung oder erstaunter Anerkennung.

Eine spätere Erklärung führt den Ausdruck auf die Studentensprache der estnischen Stadt Dorpat zurück, in der man unter einem »ollen Schwiet« einen verwegenen Hochschüler verstanden habe, der lieber trank, Liebes- und Raufhändel suchte, als in die Vorlesung zu gehen. Das Wort soll vom alten französischen Wort »suitier« kommen und dies wiederum von »suite«, womit im 18. Jahrhundert ein Studentenstreich bezeichnet wurde. Schlampig ausgesprochen, habe es sich über »alter Schwietje« zu »alter Schwede« entwickelt.

Das Herz ist ein halber Prophet.
Jiddisches Sprichwort

Schlag auf Schlag

Hauen und Schlagen bewertet der Volksmund in der Regel negativ, beispielsweise den *Schicksalsschlag*, der einen trifft, wobei man sich das Schicksal als Person vorstellt, das zuschlägt. Man ist *mit etwas geschlagen*, was bedeutet, es quält einen, als werde man verhauen, oder es ist eine Art Verhängnis wie bei *mit Blindheit geschlagen*. Vor allem in direktem oder indirektem Zusammenhang mit dem Kopf bedeutet es dann auch »dumm sein«, weil ja Schläge auf den Kopf benommen machen. So kam es zu *bekloppt* und zur Steigerung *behämmert sein*.

Ein Dummkopf verliert nie den Verstand.
Spanisches Sprichwort

Wenn einem was fehlt

Der Kopf ist ein Behälter, in dem sich hoffentlich kluge Gedanken befinden und alle fünf Sinne. Wenn man die nicht mehr beieinanderhat, fehlt etwas. Für dumme Leute gab es aber auch das

Schimpfwort: »Du *trübe Tasse*!«, womit man von nebulösen Verhältnissen im Hirnkasten ausging.

Was lag also näher, als den Kopf als Tassenschrank aufzufassen, in dem etwas fehlte; Klugheit zum Beispiel und ein paar Tassen. Fertig war die Redensart: *Du hast nicht mehr alle Tassen im Schrank!*

Ruhepunkte

Jeder kennt diese seltsamen Momente: Nach stundenlangem fröhlichem Plaudern tritt plötzlich Stille ein. Niemand weiß, warum alle schweigen. Obwohl nur wenige Sekunden vergehen, bemerken doch alle die Besonderheit des Augenblicks. Das ging schon den alten Griechen so, die dann *Hermes tritt ein* sagten, denn es schien ihnen, als sei der Götterbote hereingekommen, um jemandem eine Botschaft zu übermitteln. Deshalb lauschten sie in diesem Moment aufmerksam, um den göttlichen Willen zu vernehmen.

Im christlichen Kulturkreis übernahm man die Vorstellung, ersetzte aber den heidnischen Hermes und sagte stattdessen *ein Engel geht durchs Zimmer*. Der genaue Zusammenhang wird klar, wenn man weiß, dass »Engel« vom griechischen Wort »angelos« kommt, das »Bote« bedeutet.

Als ich vor kurzem wieder einmal in Russland mit Studenten redete und sich unvermittelt Ruhe breitmachte, erzählte ich von den beiden Redensarten. »Bei uns«, meinte eine Studentin, »kennen wir das auch, aber wir sagen: *Ein Polizist wurde geboren.*«

Curiosity killed the cat.
Englisches Sprichwort

Für Holzköpfe

Das Holz der Hagebuche oder Hainbuche ist derb und hart, also schwer zu bearbeiten, was manchen Holzschnitzer zum Verzweifeln brachte. Das Wort »hagenbüechin«, was »aus dem Holz der Hagebuche« bedeutet und sich zu unserem *hanebüchen* veränderte, entwickelte sich deshalb zu einem Verstärkungswort. Mit »Unsinn« kombiniert, bezeichnete der Begriff kräftigen, derben, besonders groben Unfug. Von hier aus konnte auch »hanebüchen« allein die Bedeutung »unglaublich« und »unerhört« bekommen.

Die Fehler von heute sind die Qualitäten von morgen.
Alexander Kluge

Nur ein Fachidiot

Das antike Ephesus leuchtete. Ein herrlicher Tag und wenig Arbeit. Wie schön! Der Maler Apelles beschloss, ein Experiment zu wagen. Er stellte seine besten Bilder einfach auf der Straße aus und versteckte sich, um die Passanten zu belauschen. Doch zuerst musste er einige Vögel verscheuchen, die von seinen täuschend echt gemalten Kirschen angelockt worden waren. Kurz entschlossen malte er einen Knaben dazu, der wiederum so echt wirkte, dass die Vögel sich nicht mehr herantrauten.

Dafür kam der Schuster Sandalion auf dem Weg zu seiner Werkstatt vorüber, stutzte und lächelte erfreut. Apelles fing schon an, sich in seinem Versteck zu freuen. Doch da trat Pygmalion zum Schuster, und sie begannen ein Gespräch über das exzellente Bild, das in jedem Detail perfekt sei. »Nun ja«, sagte der Schuster, »bis auf eine Öse des Schuhs, die der Maler vergessen hat.« Pygmalion lachte über diese Kleinigkeit, und beide gingen ihrer Wege.

Apelles aber sah sich sein Bild genau an und stellte ein wenig verärgert fest, dass Sandalion tatsächlich recht hatte. Er korrigierte den Fehler mit gewohnter Perfektion und stellte das Bild gegen Feierabend wieder vor die Werkstatt.

Wie gehofft, wählte Sandalion den gleichen Rückweg. Einem Freund, der ihn begleitete, wollte er seinen Scharfblick beweisen und wies auf den Schuh hin. »Beim Hephaistos! Die fehlende Öse ist jetzt da. Ein wundervoller Schuh! Das muss ich zugeben. Aber, aber …« Sandalion wollte doch noch irgendeine Kritik anbringen. »Aber dieses Bein ist doch ein wenig zu dick geraten.«

Da wurde Apelles wütend und rief aus seinem Versteck heraus: »Nicht über den Schuh hinaus!« Schließlich gestand er dem Schuster Fachwissen übers Schuhwerk zu, nicht aber über die menschliche Anatomie.

Diese Geschichte wurde in der Überlieferung des Plinius berühmt, der den Zornruf des Apelles so zitierte: »ne supra crepidam judicaret!«, »(Der Schuster) soll nicht über den Schuh hinaus urteilen!« Im Deutschen machte man daraus ganz passend: *Schuster, bleib bei deinem Leisten!* Der Leisten war die – jeweils individuelle – Fußform aus Holz, nach der ein Schuh gefertigt wurde. Und da jeder Fuß anders ist, bewahrt ein Schuster, der Maßanfertigungen macht, so viele Leisten auf, wie er Kunden hat. Man soll eben *nicht alles über einen Leisten schlagen*, also schematisch behandeln.

Sag zur Weisheit: Du bist meine Schwester, und nenne die Klugheit deine Freundin.

Sprüche Salomonis

VIII. Rettungsanker und Eselsbrücken

Wer mit sich reden lässt

Manchmal können Sprichwörter überlebenswichtig werden und einem Rettungswege und Lösungen geradezu in den Mund legen, wie es Paul Rusesabagina erlebte. Sein Vater war so etwas wie ein Friedensrichter, ein Ratgeber für die Bewohner des zentralafrikanischen Dorfes, in dem der kleine Paul aufwuchs. Wo er ging und stand, vor allem aber während der Verhandlungen und Schlichtungsgespräche führte er Sprichwörter im Munde, kleine Weisheiten, Gleichnisse, kurze Geschichten, und Paul prägte sie sich ein. Sie gefielen ihm, aber darüber hinaus bemerkte er, dass sie eine geradezu magische Wirkung auf die Menschen haben konnten. So folgte er dem Spruch: »Wer nicht mit seinem Vater spricht, weiß nicht, was sein Großvater sagte«, und trug das Familienerbe weiter.

Viele Jahre später war aus dem Dorfjungen der Manager eines Luxushotels in Kigali geworden. Man schrieb das Jahr 1994, doch in Ruanda schienen damals selbst der Kalender und die Zeit nicht mehr zu gelten – der Völkermord der Hutu an den Tutsi hatte alle Regeln der Zivilisation außer Kraft gesetzt. Paul Rusesabagina gewährte damals dennoch über tausend Menschen Zuflucht in seinem Hotel »Mille Collines«.

Noch Jahre später, als er seine Erlebnisse in dem Buch »Ein gewöhnlicher Mensch« beschrieb, fragte er sich, wie es gelingen konnte, die schwer bewaffneten Hutu-Milizen davon abzuhalten, die Flüchtlinge in seinem Hotel zu töten. Ihm waren nur etwas Geld und Schnaps geblieben, die allerdings rasch aufgebraucht waren, um die Killer zu bestechen. Wichtiger waren die Worte. Indem er mit ihnen redete, hielt er die Mörder 76 Tage lang von den Flüchtlingen fern. Besonders die Sprichwörter des Vaters halfen ihm, Entscheidungen zu treffen oder die Hutu zu besänftigen. Zum Beispiel: »Mit einer Lüge kannst du einmal essen, aber nicht zweimal.« Oder: »Wenn du willst, dass deine Sachen sicher sind, gib sie einem Dieb.« Oder: »Jeder Mensch hat einen geheimen Winkel in seiner Seele, den nie jemand anderes kennen wird.« Diese einfachen Weisheiten gaben ihm selbst Kraft und Rat, während sie zu den Milizionären eine Brücke schlugen, sie für einen Augenblick sentimental und menschlich werden ließen. Wenn Rusesabagina ihnen zu trinken anbot und sagte: »Lade nie jemanden ein, wenn du kein Bier im Haus hast!«, dann entspannte sich die Situation und verwandelte das Hotel, um das herum ein Blutbad stattfand, in eine winzige Oase des Friedens. Natürlich musste Rusesabagina den Killern nach dem Mund reden, um die Flüchtlinge zu schützen. Doch was machte das schon, wenn es sie nur vom Töten abhielt. Am Ende verdankten ihm und nicht zuletzt den Weisheiten seines Vaters 1268 Menschen ihr Leben.

> *Wenn du Kühe besitzen willst, musst du mit
> ihnen auf dem Feld schlafen.*
>
> Ruandisches Sprichwort

Irrungen, Wirrungen

Zum dritten Mal mussten die Athener ihren Tribut an den kretischen König Minos leisten: Sieben Jünglinge und sieben Jungfrauen sollten ihm geopfert und auf Kreta in ein Labyrinth geschickt werden, wo sie der schreckliche Minotaurus fressen würde – ein Wesen mit dem Unterleib eines Menschen und dem Kopf eines Stieres.

Doch diesmal meldete sich der Königssohn Theseus, um der Schmach ein Ende zu bereiten. Mit Mühe konnte er seinen Vater Aigeus überreden, ihn ziehen zu lassen. Auf Kreta angekommen, wurden sie von der königlichen Familie empfangen. Zu ihr gehörte die Tochter des Minos, Ariadne. Sie spürte Mitleid mit den fremden jungen Menschen, die in den Tod gehen sollten. Als sie dann den edlen Theseus erblickte, flammte Liebe in ihr auf. Sie beschloss, ihm heimlich zu helfen. Wie aber sollte der Unglückliche aus dem Labyrinth entkommen? Der geniale große Erfinder Dädalus hatte es so verwirrend gestaltet, dass er selbst nicht herausgefunden hätte. In ihrer Not fragte sie Dädalus, der ihr einen guten Rat gab. Ariadne schlich sich darauf zu den Gefangenen und übergab Theseus eine Spindel mit Garn. Dessen Anfang sollte er gleich hinter dem Eingang befestigen und auf dem Weg durchs Labyrinth abwickeln. Er ging also hoffnungsfroh in die Irrgänge hinein, um den Minotaurus zu töten – was ihm nach kurzem, heftigem Kampf gelang. Zum Glück fand er die Spindel mit dem Faden wieder. Der wies ihm und den dreizehn anderen Athenern den Weg ins Freie. Als er am Eingang noch einmal zurücksah, erblickte er das königliche Zeichen der Doppelaxt, die man Labrys nannte und nach ihr den ganzen Irrwegbau »Haus der Doppelaxt«, eben *Labyrinth*.

Die Geschichte erzählte man sich im Abendland immer wieder, und sicher begünstigte sie die Redewendung davon, dass etwas *wie am Schnürchen laufe* – auch wenn dieser Ausdruck dafür, dass etwas reibungslos und schnell vor sich geht, anderen Ursprungs ist. Manch einer denkt dabei an den Rosenkranz, der bisweilen sogar ausdrücklich in Varianten der Redensart vorkommt. In Köln heißt es: »Dat muß immer förangohn wie de Schnur am Rusekranz.« Andere beziehen sich auf Marionettentheater und Hampelmänner. In beiden Fällen hängen die Bewegungen von *Strippenziehern* oder *Drahtziehern* ab. Hier gab es keinen eigenen Willen, die Handlung lief also folgerichtig ab.

Die Schnur war allerdings schon im ganzen Abendland ein Bild für Folgerichtigkeit und Konsequenz, genauso wie die Gerade oder die Linie. Die Verwandtschaft findet sich noch im Wort

»schnurstracks«. So kam es zu einer sprachlichen Verbindung des Fadens mit den folgerichtigen, geradlinigen Überlegungen, weshalb man auch von der *Leitschnur* des Denkens und Handelns spricht. Sie bezeichnet die Prinzipien eines Menschen, nach denen er vorgeht. Tut er dies konsequent, läuft alles wie am Schnürchen. Man müsste einem solchen *Ariadnefaden* – wie einst Theseus – also eigentlich nur aufmerksam folgen.

> *Mit Honig fängt man nicht nur Fliegen,*
> *sondern auch Bären.*
>
> Russisches Sprichwort

Schillernde Weisheiten

So dramatisch wie in Friedrich Schillers Balladen geht es im Alltag zum Glück selten zu. Gerade deshalb zitierte man sie schon im 19. Jahrhundert häufig ironisch. Das Spannungsverhältnis zwischen dem Pathos der Worte und einer fröhlichen Situation, in der sie vorgetragen wurden, trug viel zu der Beliebtheit der geflügelten Worte aus Schillers Werken bei.

Mit dem Satz »*Sieh da! Sieh da, Timotheus, die Kraniche des Ibykus!*« verraten sich in der Ballade »Die Kraniche des Ibykus« zwei Männer als Mörder. Das Zitat – das heißt, meist nur dessen erste Hälfte – wird bis heute bei jeder Art von Überraschung, besonders aber, wenn man den Pferdefuß an einer Sache erkannt hat, verwendet, häufig in einem gebildeten Umfeld.

Bei Beerdigungen hört man manchmal aus der Ballade »Der Taucher« die Zeilen: *Es freue sich, wer da atmet im rosigen Licht!* Bei Schiller spricht sie ein Jüngling, der todesmutig aus der Tiefe der Meeresbrandung einen Becher heraufgeholt hat. Franz Schubert vertonte die Ballade, ungezählte Schülergenerationen lernten sie auswendig und parodierten sie. Allein der schroffe Anfang

»Wer wagt es …« genügte früher, um den Ernst einer Entscheidung zu verdeutlichen.

Noch spannender, fast eine Art zwanzigstrophiges Roadmovie, ist »Die Bürgschaft«. Der Held Damon muss hier eine höchst riskante Flussdurchquerung bewältigen, allein eine Räuberbande in die Flucht schlagen – drei Gegner tötet er – und einen langen Wettlauf gegen die Zeit gewinnen. Es gilt, das Leben seines Freundes zu retten, der für ihn als Bürge eingetreten ist. Eigentlich zu spät kommt er endlich in die Stadt. Dort erblickt ihn entsetzt sein treuer Diener und ruft ihm zu: *Zurück! Du rettest den Freund nicht mehr, / So rette das eigene Leben!* Auch das wurde sprichwörtlich. Damon jedoch stellt sein gegebenes Wort, wiederzukehren und den Freund auszulösen, über sein Leben. Er betritt – den sicheren Tod vor Augen – die Stadt. Und damit gelingt ihm die eigene Rettung und die des Freundes, weil der Tyrann sein Herz entdeckt. Mit den oft zitierten Zeilen *Ich sei, gewährt mir die Bitte, in eurem Bunde der dritte* endet die dramatische Ballade.

Die schiere Länge der Schiller-Balladen schreckt heute manchen ab, aber gerade sie war anderen ein Rettungsanker. Die Autorin Ruth Klüger berichtet, wie ihr, die als Kind ins KZ gebracht wurde, Balladen beim Überleben dieser Zeit halfen. »Die Schillerschen Balladen wurden denn auch meine Appellgedichte, mit denen konnte ich stundenlang in der Sonne stehen und nicht umfallen, weil es immer eine nächste Zeile zum Aufsagen gab, und wenn einem eine Zeile nicht einfiel, dann konnte man darüber nachgrübeln.«

> *Denn … der Mensch spielt nur, wo er in voller Bedeutung des Wortes Mensch ist, und er ist nur da ganz Mensch, wo er spielt.*
> Friedrich Schiller

Auf dem Schlachtfeld

Die Bauern, acht an der Zahl, sind im Schachspiel wichtiger, als viele vermuten. Sie können wirkungsvoll blockieren und beschützen, sie können *in Zugzwang bringen* und sogar mächtigere Figuren schlagen. Sie können sich vor allem wunderbarerweise in eine Dame verwandeln, wenn es ihnen gelingt, zur gegnerischen Grundlinie vorzustoßen.

Grundsätzlich sind sie dennoch von geringerer Bedeutung als Läufer, Springer, Turm, Pferd, Dame und König. Im Spiel kann es deshalb aus taktischen oder strategischen Gründen sinnvoll sein, einen der Bauern zu opfern, um eine wichtigere Figur zu retten. Schließlich hat man genug davon. So servieren besonders durchtriebene Spieler schwächeren Gegnern ihre Bauern sogar auf dem Silbertablett, damit diese zuschlagen, obwohl sie sich damit selbst schaden. Das wäre dann – vom Gegner aus gesehen – eine Art *Bauernfängerei*, die so heißt, weil Gauner früher auf den Märkten die naiven Landbewohner mit betrügerischen Worten leicht »fangen« konnten.

Beim Schach jedoch spricht man von einem *Bauernopfer*, was ebenfalls redensartlich wurde. Vor allem wenn jemand nur scheinbar generös Verhandlungspositionen aufgibt oder blendende Angebote macht, die in Wirklichkeit nicht viel wert sind oder die wirklich wichtigen Punkte nicht betreffen, sagt man: »Das ist nur ein Bauernopfer!«

Das Bauernopfer war übrigens tatsächlich jahrhundertelang üblich, weil Ritter ihre Fußsoldaten aus den Reihen ihrer Landleute rekrutierten. Diese unerfahrenen Kämpfer, denen man Waffen in die Hand gedrückt hatte, schickte man leichtherzig voran, um den Gegner durch das Abschlachten der Bauern zu ermüden. Wie viele von ihnen starben, interessierte die gut gerüsteten Adligen hoch zu Ross herzlich wenig.

Warum putzen immer noch so wenige Männer im gemeinsamen Haushalt? Jahrzehnte der Emanzipation haben an der grundsätzlichen Verteilung der Pflichten wenig geändert. Sie ist immer noch für die Sauberkeit zuständig, er fürs Dreckigmachen. Höchstens beim ganz Groben springt er ein.

Immerhin nennt praktisch niemand mehr seine bessere Hälfte »Putzi«; ein lächerlicher alter Kosename. Verniedlichend schien er die Frau zur Reinigungskraft zu degradieren. Dazu passt, dass Männer selbstbewusste oder streitbare Frauen immer noch als »Kratzbürste« oder »Besen« beschimpfen. Vielleicht lassen sich diese Exemplare der weiblichen Gattung einfach nicht *gegen den Strich bürsten* – was keinem Tier mit Fell gefällt – und zeigen sich dementsprechend *widerborstig*.

Wie wichtig den Deutschen die Sauberkeit ist, belegen erstaunlich viele Redensarten. Wenn jemand etwas Ungehöriges oder Dummes tut, sagt man, er sei *nicht ganz sauber*. Dann muss man *ihm den Kopf waschen*, also seine verschmutzten Gedanken reinigen. Den gleichen Sinn hat *jemanden herunterputzen*. *Etwas abstauben*, also »mitgehen lassen«, nennt man jedoch wegen der wischenden, raschen Putzbewegung so, die man mit dem geschickten Griff des Diebs verglich. »Bürsten« hingegen verstand man bis ins 17. Jahrhundert hinein als lustiges Wort für »saufen«, weil man es als Reinigung der Kehle ansah. Noch heute bezeichnet man ja Alkoholika als *Rachenputzer*. Das *Bürsteln* dagegen hält sich derweil in der Umgangssprache als Begriff für den Geschlechtsverkehr, weil die Schamhaare wie Bürsten aneinanderreiben.

Trotzdem gehörte Sex zu den *schmutzigen Sachen*, über die man, weil sie so unrein, also verachtenswert waren, nicht reden, sondern die man vielmehr *unter den Teppich kehren* sollte. Diese Redensart bedeutet, etwas Unangenehmes auszuklammern oder wegzuschieben, weil man es nicht aus der Welt schaffen kann.

Viel erstrebenswerter ist es, *mit jemandem ins Reine zu kommen*. Die Reinlichkeit, das Pure war seit der Antike immer anziehend, weil man damit Unschuld und Sündenlosigkeit verband. So schreibt der Apostel Paulus das zum geflügelten Wort gewordene *dem Reinen ist alles rein*. Dazu passend dekretierte man das Dogma der »unbefleckten Empfängnis«, wenn auch erst vor gut 150 Jahren. Maria sollte makellos, ohne Erbsünde geblieben sein. »Makel« kommt vom lateinischen Wort »macula«, das »Fleck« bedeutet.

Sicher hat Joseph seine Maria nicht »Putzi« genannt, denn sie sprachen ja Aramäisch. Selbst wenn, hätte er damit nicht ihre Reinigungsqualitäten gemeint, denn das Wort selbst kommt von »putzig« und dies wiederum von »butze«, was ursprünglich »Popanz« bedeutete und als Eigenschaftswort dann »drollig«. Das Putzen hingegen kommt von »butz«, einem alten Wort für »Popel« und »Schnuppe«, also den überflüssigen Teil eines Kerzendochts. Die Kerze und die Nase reinigte man vom »butz«, weshalb die Tätigkeit »putzen« genannt wurde. Wenn Ihnen das alles *schnuppe sein* sollte, wissen Sie wenigstens, warum es so heißt.

Ob diese Erkenntnis helfen kann, die ungleich wahrgenommenen Putzpflichten in deutschen Haushalten gerechter zu verteilen? Schließlich kann auch ein Mann mit Gummihandschuhen und Schürze putzig aussehen.

Hilfsmittel für Dumme

»Mein Esel«, sprach Marcus Antonius Factor, »ist wirklich das Letzte! Gestern erst wollte ich dreißig Ballen besten Stoffs mit ihm transportieren, da komme ich an diesen kleinen Tiber-Seitenarm. Und was macht mein feiner Herr Esel wieder? Nichts! Er bleibt vor der Hängebrücke stehen, obwohl deren Bretter doch schon seit Jahr und Tag halten. Sogar Ochsen ziehen ihre

Karren darüber! Er aber bleibt störrisch. Ich musste umkehren und weiß jetzt nicht weiter.«

»Hast du es mal«, fragte da sein Freund Julius Tullius Faber, »mit Binsenmatten probiert? Ich kenne das Problem von meiner Eselin. Offensichtlich haben die dummen Tiere einfach Angst, wenn sie zwischen den Brettern das Wasser sehen. Wenn ich jedoch Binsenmatten auf der Brücke ausbreite, dann läuft sie ohne Mühe darüber. Als sei es ein Spaziergang.«

So ungefähr kann es gewesen sein, als man sich im alten Rom Gedanken über die Esel und ihre Eigenheiten machte. Sogar in naturkundlichen Werken beschrieb man die Angst der Tiere vor Brücken, durch die man freie Sicht nach unten hatte, und die Möglichkeit, ihnen diese zu nehmen. Solche einfachen Tricks bürgerten sich als Redensart von der *Eselsbrücke* ein. Man kann sich etwas nicht merken und prägt sich deshalb etwas anderes, häufig Verse oder Bilder, ein, die einem über den Abgrund des Unwissens hinweghelfen. Oft waren das seltsame Sätze wie »In die semel bis ter quater«, was klang wie »In die Semmel biss der Kater«, und helfen sollte, die lateinischen Wörter »semel«, »bis«, »ter« und »quater« für »einmal«, »zweimal«, »dreimal« und »viermal« zu behalten. Bis zum Anfang des letzten Jahrhunderts war noch die lateinische Form der Eselsbrücke, »pons asinae«, verbreitet und sicher ein Grund, warum ein bekannter Verlag für Wörterbücher sich nach dem ersten Teil der Redensart benannte.

Hundert Gänse töten einen Wolf.
Italienisches Sprichwort

Windelweisheit

Alle lächeln zufrieden, wenn schwierige Verhandlungen abgeschlossen oder komplizierte Verträge endlich unterzeichnet sind, und man befindet: *Alles in trockenen Tüchern!* Warum diese Wendung in den letzten zehn, fünfzehn Jahren auftauchte und gleich so beliebt wurde, ist nicht geklärt. Vielleicht liegt es daran, dass endlich die Zahl der Frauen in Politik und Wirtschaft steigt? Oder haben einfach mehr Männer mit Kleinkindern zu tun?

Es geht nämlich um die Aufgabe, Babys trockenzulegen. Vor der Zeit der Wegwerfwindeln nahm man Stoffwindeln. Wenn das Baby aus den nassen Tüchern, die ja nicht nur unangenehm, sondern auch gesundheitsschädlich sind und zum Schreien Anlass geben, ins Trockene gebracht ist, herrscht – hoffentlich – wieder eitel Sonnenschein auf beiden Seiten.

> *Der Kopf des Mannes gleicht oftmals einem*
> *leeren Beutel; im Kopf der Frau aber ist stets*
> *noch ein Piaster zu finden, und wenn der*
> *letzte herausgenommen worden ist, steckt*
> *immer noch ein allerletzter drin!*
>
> Karl May

Der rettende Gong

Viele Schläge konnte er nicht mehr einstecken. Dabei waren sie erst in Runde drei. Der andere kämpfte wie ein wilder Stier. Er kam einfach nicht aus seiner Reichweite.

»Weg von den Seilen! Lass dich nicht *in die Ecke drängen*!«

Der Trainer konnte brüllen, so laut er wollte, aber er hatte mehr als genug mit der Deckung zu tun. Wenn er nicht bald ein Gegenmittel fand, war es vorbei. Nicht mal zum Klammern kam er nah genug heran. Das Risiko, einen Volltreffer einzufangen, war einfach zu groß. Außerdem ließen die Seile zwar keine Flucht zu, keine Bewegungsfreiheit, aber wenigstens stützten sie ihn und hielten ihn aufrecht. Immer noch ein Haken zum Körper, eine Gerade, zwei Kombinationen. Wo blieb nur der verdammte …

GONG!

Mit Müh und Not schleppte er sich in seine Ecke. Sackte auf den Hocker. Bekam kaum mit, was der Trainer quatschte, dass ihm der Mundschutz entfernt und Wasser in den Mund gespritzt wurde. Er wusste nun aus eigener Erfahrung und viel besser, als ihm lieb war, was es hieß, nur noch *in den Seilen zu hängen*. Dass dieses Mittel ihm nicht helfen würde, *über die Runden zu kommen*, war nun leider auch klar.

> *If you can't beat them join them!*
> Englisches Sprichwort

Angriffslustig

Als ich kürzlich neben Regina Halmich saß, schaute ich ihr natürlich neugierig auf die Hände, denen ich die frühere Profession nicht ansah. Tatsächlich hat sie sich beim Boxen nie einen der vielen empfindlichen Handknochen gebrochen. Das ist im Profifaustkampf unserer Tage schon eine Leistung.

Der Boxsport bietet beste Beispiele für den Kampf ums Dasein und ist deshalb mit sehr vielen Bildern in unsere Sprache eingegangen. Wir sind *k. o.*, wenn wir erschöpft sind, wir müssen uns *durchboxen*, verachten Nichtebenbürtige als *bloße Sparringspartner*, wir beschweren uns über den *Schlag unter die Gürtellinie*, der ja beim Boxen verboten ist, und manchmal müssen wir *mit harten Bandagen kämpfen*. Die kommen noch aus der Urzeit des Faustkampfs im alten Griechenland. Bei der »Pankration« (»Allkampf«) trat man mit bandagierten Händen gegeneinander an. Wenn wir *in den Ring steigen*, aber nicht *über die Runden kommen*, dann *werfen wir das Handtuch*: im Boxsport das Zeichen aus der Betreuerecke, dass man aufgibt. Dieses Signal oder wenigstens einen trennenden Ringrichter wünscht man sich in der Realität öfter, wenn man mit jemandem gar zu lange *im Clinch liegt*; »to clinch« heißt »umklammern«.

Wer glaubt, all diese Regeln definierten das *Faustrecht*, der ist auf dem Holzweg. Zwar ist der Boxhandschuh nur eine vergrößerte und durch Polsterung etwas entschärfte Faust, doch das Faustrecht hat nur indirekt damit zu tun. Die Faust des Mannes stand früher für Handlungsfähigkeit und Eigenverantwortung. Wer *auf eigene Faust* handelte und dem Faustrecht folgte, der nahm das Recht in seine Hände und suchte es nicht bei Polizei oder Gerichten.

Es ist ja auch klüger, einmal *mit der Faust auf den Tisch zu schlagen*, womit man seine Entschlossenheit kundtut, als immer nur ohnmächtig und verborgen *eine Faust in der Tasche zu machen*. Am allerklügsten agiert ein fröhlicher Mensch, der sich einfach *ins Fäustchen lacht*, also gleichsam heimlich, hinter vorgehaltener Hand.

Ach ja, falls Sie Halmichs Augenfarbe interessiert: braun, nicht veilchenblau. Denn die Faust passt zwar aufs Auge, aber nur ironisch und bei schlechter Deckung.

> *Er wartet, dass die Hasen gegen die Bäume laufen und tot umfallen, damit er sie mühelos fangen kann.*
> Chinesische Redensart

Eine schlagende Lösung

Als sich ein Adler auf seinem Pflug niederließ und den ganzen Tag treu dort sitzen blieb, wollte es der Bauer Gordios nicht glauben. War das ein Wink des Himmels? Er beschloss, in Telmessos nachzufragen, dessen Bewohner als prophetisch begabt und vertraut mit göttlichen Vorzeichen galten.

Auf dem Weg zu dem lykischen Ort traf er an einem Brunnen ein Mädchen, dem er von seinem Erlebnis berichtete. »Bring dem Zeus ein Opfer dar,« riet sie, »denn der Adler ist sein Vogel! Sicher wird dir daraus Segen erwachsen.« Das hörte der Bauer gern, und das schöne, kluge Mädchen nahm er lieber gleich zur Frau, ehe ihm ein anderer zuvorkam.

Daheim in Phrygien schätzte er sich schon glücklich, weil ihm der Adler eine so reizende Frau zugeführt hatte. Aber er wollte auch ihren Rat befolgen und schirrte seine Ochsen an, um im nahen Jupitertempel zu opfern. Ihm fiel auf, dass die Stadt fast menschenleer war, einzig vor dem Zeustempel ballten sich die Massen. Als Gordios näher kam, öffnete sich vor ihm eine Gasse in der Menge. Er traute sich kaum weiterzufahren. Eine gespannte Stille herrschte. Was sollte er tun? Erwarteten die etwas von ihm? Die Ochsen liefen wie von selbst weiter, bis vor die Stufen des Tempels. Gordios stieg ab, um endlich sein Opfer darzubringen, als ihn ein markerschütternder Lärm erschreckte.

Alle Welt schrie und jubelte. Die Menschen in seiner Nähe warfen sich in den Staub. Ein Würdenträger kam mit ehrfürchtig gebeugtem Haupt auf ihn zu und fragte: »Wie lautet Euer Name, Erhabener?«

»Ich heiße Gordios und bin kein Erhabener!«

Doch der Mann rief zur Menge gewandt: »Lang lebe unser König Gordios!«

Da man sich auf keinen neuen König der Phrygier hatte einigen können, war das Orakel befragt worden. Es hatte den Ersten, der mit einem Karren zum Zeustempel gefahren komme, zum künftigen Herrscher bestimmt. So wurde Gordios König und nach ihm sein Sohn Midas. Den Karren aber stellte man in den Tempel. Besonders bewunderte man an ihm den kunstvollen Knoten, mit welchem Wagen- und Jochseile verknüpft waren. Unauflöslich schien er. Viele versuchten trotzdem ihr Glück, denn es hieß, wer den Knoten lösen könne, der werde die Herrschaft über ganz Asien erringen.

Auch der mazedonische König und erfolgreiche Feldherr Alexander hörte lange Zeit später davon. Und so zog er kurz vor der entscheidenden Schlacht gegen den persischen König im Jahre 333 vor Christus vor den Augen einer gespannten Menge zum Zeustempel. Wie würde der junge König die Sache anfangen? Alexander blickte kaum auf das komplizierte Knüpfwerk. Vielmehr zog er sein Schwert und hieb den Knoten entzwei.

»So werde ich Asien erobern. Mit dem Schwert.«

Als er das gesagt hatte, jubelten seine Begleiter, die Phrygier aber waren verwirrt. Auf die simple Lösung, *den gordischen Knoten zu zerschlagen*, war noch niemand gekommen. Der folgende Sieg Alexanders über den Perserkönig schien ihm recht zu geben, sein früher Tod hingegen unrecht. So bleibt die gewaltsame Lösung fragwürdig.

They know the easy way out.
Englischer Spruch über Kaiserschnittgeburten

Im Bergwerk

Wenn ich mich wieder einmal durch Berge von Büchern wühle, um Worterklärungen auf den Grund zu gehen, dann fühle ich mich manchmal wie ein Sprichwortmaulwurf oder ein Wortschatzbergarbeiter. Dabei ist meine Schürfarbeit ein Spaziergang gegen das Schuften unter Tage. Den Bergleuten verdanken wir seit Jahrhunderten nicht nur Wärme und Energie, sondern auch viele Ausdrücke: Wenn jemand *tiefschürfende Auskünfte* verlangt oder sich *vor Ort* von einer Sache mit eigenen Augen überzeugen will, dann verwendet er ebenso Bergmannssprache, wie wenn er »Glück auf!« wünscht oder von einer wahren »Fundgrube« spricht.

Besonders beliebt sind zwei Ausdrücke geworden: *Schicht im Schacht* und *alles geritzt*. Die Schicht als Bezeichnung für die Arbeitsdauer kommt ursprünglich von der Gesteinsschicht, die man abbauen wollte. Daher übertrug man den Ausdruck auf die Zeit, die dafür nötig war, eine bestimmte Menge einer Schicht zu fördern. Im Hochmittelalter ging man dann noch einen Schritt weiter und nannte die Arbeitsdauer der Bergarbeiter »Schicht«, woraufhin sich der Ausdruck langsam, aber sicher auf alle möglichen anderen Bereiche übertrug. Spätestens seit dem späten 17. Jahrhundert entwickelte sich daraus die Wendung *Schicht machen*. Das konnte einfach das Ende der Arbeitszeit bezeichnen, aber auch »aufhören« heißen, ebenso wie »plötzlich die Arbeit niederlegen« oder »sterben«. Wenn es also heißt »Schicht im Schacht« oder »Jetzt ist Schicht im Schacht!«, wird damit angekündigt, dass nun etwas definitiv abgeschlossen ist.

Einen Endpunkt bezeichnet auch der zweite Ausdruck. Im Stollen wurden in die Wände längliche Löcher geschlagen, die man »Ritzen« nannte und in die Spaltkeile eingesetzt wurden. Wenn diese Vorarbeit erledigt war, war alles geritzt, denn nun konnte man mit dem Abbau loslegen.

Ein Sprichwort ist der Geist eines Einzigen und die Weisheit aller.

Lord John Russell

Mittelalterlicher Rechtsschutz

Wieso gibt es eigentlich im Deutschen so viele Ausdrücke, die aus Wortpaaren zusammengesetzt sind? Wir kennen Stein und Bein, Haus und Hof, Mann und Maus, Rat und Tat, Kind und Kegel. Oft sind alte Bräuche oder Rechtstraditionen der Grund, denn früher hatten die Wörter oft noch eine zweite Funktion, indem man ihnen beschwörenden Charakter zusprach. Man gab sein Wort auf etwas, aber man versuchte auch übersinnliche Mächte in diese Abmachung einzubinden. Die Doppelformeln sind eigentlich magische Bekräftigungen des Gesagten.

Besonders interessant ist der Ausdruck *etwas unter Dach und Fach bringen*. Das Dach ist noch heute sofort verständlich, das Fach dagegen erst über den Umweg zum »Fachwerk«. Über Jahrhunderte war der Bau massiver Steinhäuser sehr teuer, weshalb man Holzkonstruktionen bevorzugte. Die Wände errichtete man aus starken Balken, in deren Zwischenräume man in der Regel ein Lehmstrohgemisch füllte: Fertig war die Wand eines Fachwerkhauses. »Fach« konnte deshalb auch einfach »Wand« bedeuten. »Dach und Fach« bezeichnen also zusammen das Haus.

Das Eigenheim stand im Mittelalter unter einem besonderen Schutz. Den Hausfrieden durfte man unter keinen Umständen brechen, so dass hier selbst Untäter Schutz finden konnten. Wenn man etwas unter Dach und Fach gebracht hatte, war es also in Sicherheit und sogar von Rechts wegen geschützt.

Der Schildkröte ist ihr Panzer nicht zu schwer.
Sprichwort der Hausa

Mit rechts

Unter Lebensgefahr hatte sich der junge Gaius Mucius durch den engen Belagerungsring um Rom geschlichen und war ins Lager des feindlichen Etruskerkönigs Porsenna gelangt. Überall liefen schwerbewaffnete Soldaten herum. Das königliche Zelt war leicht zu erkennen, denn es überragte alle anderen. Davor wurde gerade der Sold an die Offiziere ausgezahlt. Im Zentrum der Aufmerksamkeit sah Gaius Mucius zwei Personen stehen, beide offensichtlich von Bedeutung, beide ähnlich edel gekleidet. Welcher war der König? Der junge Römer war jetzt so nahe, dass er handeln musste, jeden Moment konnte man ihn als Feind entlarven. Gaius Mucius entschied, dass der Mann, der den Sold auszahlte, der wichtigere sein müsse. Er stürzte auf ihn zu und stieß ihm das Schwert in die Brust.

Der Schreck der Umstehenden erlaubte ihm ein paar Schritte weit zu fliehen, dann überwältigten ihn die Etrusker und brachten ihn zurück, mitten durch eine tobende Soldateska.

Vor dem Zelt erwartete ihn der König – Gaius Mucius hatte nur den Schatzmeister getötet. Porsenna fragte: »Was wolltest du, Römer?«

»Dich töten!«

Den König erstaunte diese Freimütigkeit. Er fragte weiter: »Sind alle Römer so tapfer?«

Statt einer Antwort hielt Gaius Mucius seine Rechte in die Flamme eines Kohlebeckens, das neben ihm stand, und ließ sie verbrennen, ohne einen Laut der Klage von sich zu geben.

Entsetzt sahen die Etrusker zu. Mit schmerzverzerrtem Gesicht stieß Gaius Mucius hervor: »So standhaft, wie ich meine Hand habe verbrennen lassen, so standhaft sind alle Römer.«

Das beeindruckte den König so sehr, dass er Gaius Mucius freiließ. Zum Abschied fragte er ihn: »Warst du allein?« Und Gaius Mucius sagte: »Ich war nur der erste von dreihundert, König!«

Da wurde es Porsenna mulmig, schnell befahl er, die Belagerung aufzuheben. Wer wusste schon, ob er das nächste Mal auch so viel Glück haben würde. In Rom konnte man kaum glauben, dass die Etrusker die Zelte abbrachen. Als sich aber die Geschichte von Gaius Mucius verbreitete, feierte man ihn als großen Helden. Und man gab ihm den ehrenden Beinamen Scaevola, »Linkshand«, weil er die Rechte dem Vaterland geopfert hatte.

Sein Beispiel verbreitete sich über die Jahrhunderte und führte – auch wegen der Gottesurteile im Mittelalter, bei denen ein Angeklagter durch eine Feuerprobe seine Unschuld beweisen konnte – zu der Redensart *für jemanden die Hand ins Feuer legen*.

*Dem Weisen ist die Welt ein Garten, in welchem er
die Erdbeeren findet.*
Estnisches Sprichwort

IX. ZWISCHEN SCHEIN UND SEIN

Wie in alten Zeiten

Früher war alles besser! Da fragt man sich nur, wieso die Vorgängergeneration dasselbe behauptete. Wahrscheinlich bewirkt einfach der zeitliche Abstand, dass man Vergangenes mit wohlwollender Sentimentalität betrachtet, störende Details dagegen übersieht.

Manchmal begegnet man allerdings einem Zeitgenossen, der die alten Tugenden in Reinkultur repräsentiert. Die Ehrlichkeit steht ihm im Gesicht geschrieben, er ist anständig, verlässlich, menschlich und tugendreich wie zu alten Zeiten. So jemanden lobt man mit den Worten, er sei *von echtem* oder *altem Schrot und Korn*.

Scheint der Ehrentitel auf den ersten Blick vom Getreide zu kommen, geht es tatsächlich um mittelalterliche Qualitätsmaßstäbe für Münzen. Einerseits wog man sie: Das Münzgewicht hieß »Schrot«, weil man die Rohlinge aus grob geschnittenen, »geschroteten« Metallbarren herstellte. Die Schrotmunition und der Schrott – ursprünglich kleine Metallreste – kommen ebenfalls daher. Andererseits bestimmte man die Mischung von edlen und unedlen Metallen im Geldstück damit: Das Verhältnis zwischen dem Münzgewicht und der Menge an Edelmetall hieß nach der kleinsten Gewichtseinheit »Korn«, denn man benutzte lange Zeit Samen als Feingewicht beim Wiegen. Nur wenn Gewicht und Legierung den gesetzmäßigen Vorgaben entsprachen, war die Münze gültig und »von echtem Schrot und Korn«.

Die Variante »von altem Schrot und Korn« wurde als Umschrift sogar auf Münzen geprägt. Inflation gab es ja bereits im Mittelalter, und die Herrscher sorgten für Geldvermehrung und damit -entwertung, indem sie den Edelmetallgehalt neuer Münzen senkten. Wer sich stattdessen an den guten alten Zeiten orientierte, prägte Gold- und Silbermünzen mit dem traditionell vorgeschriebenen Edelmetallgehalt. Und so kam im 18. Jahrhundert die Wendung als Lob für im besten Sinne altmodische Menschen auf.

> *Die Athener regieren die Griechen. Ich regiere*
> *die Athener. Und meine Frau regiert mich.*
>
> Xenophon

Unbeliebte Jedermänner

Heinrich und Konrad hießen nicht nur viele deutsche Könige, sondern auch sehr viele Deutsche, so dass sich die Spitznamenformen *Hinz und Kunz* zu Überbegriffen entwickeln konnten, mit denen man irgendwelche (unerheblichen) Leute meinte. Konkurrenz bekamen sie aus dem Ausland, denn ebenso beliebt war die abwertende Bezeichnung *Krethi und Plethi*.

Die Wörter stammen aus der Bibel und bezeichnen dort die Leibwache König Davids. Ihre Namen sind sprechend, denn das Wort »krethi« bedeutet »töten«, ja sogar »ausrotten«, wohingegen »plethi« »flüchten« oder »forteilen« heißt. Das passt zu den zusätzlichen Funktionen der Leibwache, denn sie übernahm offensichtlich ebenso Henkers- und Eilbotenaufträge. Keine angenehmen Zeitgenossen also, zudem waren sie wahrscheinlich noch Fremde, was den Einheimischen damals nicht geschmeckt haben dürfte.

Höchstwahrscheinlich verstanden schon die Bibelleser zu Luthers Zeiten die Hintergründe nicht und den Ausdruck einfach nur als lustige Bezeichnung für einen zusammengewürfelten Haufen, und so wurden aus höchst bedeutenden Leibwächtern verachtenswerte Menschenmengen.

Aufstieg und Fall

Eine Krähe fand ein paar wunderschön schillernde Pfauenfedern. Deren Farbspiel reizte sie so sehr, dass sie auf eine seltsame Idee kam. Sie steckte sich die Prachtfedern an und paradierte damit über den Rasen, als sei sie selbst einer der herrlichen Vögel der Juno. Schnell bemerkten ihre gefiederten Kollegen den lächerlichen Auftritt, vor allem die Pfauen. Die stürzten sich wütend auf die Krähe und rissen ihr die Federn aus. Wie schrie das schwarze Tier vor Schmerz und Scham und Furcht: »Hört auf! Hört auf! Ihr habt mir doch schon alle eure Federn ausgerissen. Lasst mir doch meine eigenen!« Die Pfauen aber rupften erbarmungslos weiter und riefen: »Hast du dir unsere gestohlen, so werden die anderen auch nicht dein Eigentum sein.«

Es ist eben, wie die antike Fabel betont, gefährlich, *sich mit fremden Federn zu schmücken.*

Wir sind weniger wert als Mücken.
Petronius Arbiter

Schlechtes Image

Was haben die Menschen eigentlich gegen Schneider? Wie kommt es zu Wendungen wie: *Herein, wenn's kein Schneider ist?* Da könnte man ja gleich ein Schild anbringen, das statt der traurig dreinblickenden Hunde, die nicht in einen Laden hineindürfen, melancholische Schneider zeigt.

Die Schneider hatten es noch nie leicht; selbst das tapfere Schneiderlein im Märchen war eine Karikatur, die zeigte, was man üblicherweise von Schneidern hielt. Und das war nicht viel. Man achtete ihr Handwerk nur wenig mehr als das des Flickschusters. Sie hatten zwar viel zu tun, waren aber Stubenhocker und galten als schwächlich. Ein Schmied brauchte Muskeln, ein Steinmetz musste kraftvoll zuschlagen, und selbst der Bäcker knetete seinen Teig mit viel Energie. Ein Schneider dagegen ging mit Nadel und Faden und dünnen Stoffen um – die robusteren Handwerker nahmen die schwachen Kerlchen einfach nicht ernst.

Die Kunden hielten es ähnlich, weshalb sie die Rechnungen noch seltener und später als bei anderen Dienstleistern bezahlten. Weil er oft vergeblich auf seinen Lohn warten musste, wurde der arme Schneider sprichwörtlich. *Einen Schneidergang tun* nannte man es, wenn man Schulden eintreiben wollte, aber nichts erreichte. Und es gab den Ausdruck *dastehen wie ein geleimter Schneider*, wenn jemand um seinen Lohn betrogen wurde. Die Schneider hatten dementsprechend viele Gänge durch ihr Städtchen oder Dorf zu erledigen, um doch noch irgendwie zu ihrem Geld zu kommen. Von Kundenseite erntete dieses Bemühen nur Spott, eben mit der Redensart: »Herein, wenn's kein Schneider ist.« Mit dem müsste man sich ja nur wieder über ausstehende Zahlungen streiten.

Die spöttische Redensart parodiert darüber hinaus noch einen Spruch der Schneiderzunft selbst, die immer in geschlossener Gesellschaft tagte und jedes Klopfen an der Tür mit dem Ausspruch kommentierte: »Herein, wenn's ein Schneider ist!«

Kompetenzgerangel

In einträchtiger Runde saßen die Tafelritter beisammen. Ihre sternförmig arrangierten Schwerter nahmen sie vom Tisch, denn nach der langen Beratung sollte endlich getafelt werden. Vom Rand des Saals sahen ihre Knappen zu. Hinter ihnen warteten die Diener. Ganz weit entfernt versuchten einige Neugierige aus dem Volk vom Marktplatz aus, einen Blick auf die hohen Herren im Thronsaal zu erhaschen. Erstaunt sahen sie, dass unter den Dienern und Knappen ein Streit entbrannte.

»Nein, gib her! Was fällt dir ein! Nur ich darf Lanzelot die Schale halten. Du Hundsfott von einem Diener willst doch nicht Knappendienste verrichten!« Der junge Roland redete sich in Rage. Allerdings konnte auch er sich nur kurz seines Triumphes über den Diener freuen, denn als er der Tafel und seinem Herrn, dem edlen Ritter Lanzelot, entgegenschritt, trat ihm Christoph, Kleingraf von el Gout, in den Weg und entriss ihm die Schale gleich wieder: »Her damit, Unwürdiger! Weißt du nicht, dass heute die Ehrenämter in gräflichen Händen sind. Da *kannst* du ihm doch *nicht das Wasser reichen*!« Erschrocken überließ ihm Roland die Schale. So ging in würdevoller Ruhe der Kleingraf auf Lanzelot zu, der seine Hände darein tauchte, sie vor dem Mahl zu säubern.

Aus diesem höfischen Zusammenhang stammt die Redewendung »jemandem nicht das Wasser reichen können«, die den hierarchischen Abstand zwischen Dienern und Bedienten deutlich macht. Wer nicht einmal Wasserreicher sein durfte, der gehörte nicht zu denen, die zählten.

Masse statt Klasse

Wenn in Holland ein Rad umfällt oder *in China ein Sack Reis*, dann *stört uns das nicht die Bohne*, denn von beidem gibt es da wie dort so viel, dass es einfach ständig vorkommt. Es ist also nicht respektlos gegenüber der anderen Kultur gemeint. Bei den Bohnen ist es ähnlich. Was kann man schon mit einer einzigen anfangen? Nichts. Stört also nicht. Im Englischen sagt man zu Allerweltstypen und Massenprodukten »a dime a dozen«, also »für zehn Cent bekommt man ein Dutzend«. Bei uns sprach man früher ebenfalls von *Dutzendware* und *Dutzendgesicht*, wenn etwas oder jemand nicht individuell ausgeprägt und ohne eigenen Charakter war, eben wie etwas, das dutzendweise angeboten wurde.

The bigger they are, the harder they fall.
Englisches Sprichwort

Das ist der Gipfel

Im Amphitheater wurde das Murren lauter. Die Akteure waren trotzdem ganz mit sich selbst beschäftigt: »Mein lieber Alektryokles, du warst schon das letzte und das vorletzte Mal dran, jetzt komm ich!«

»Du? Ein stinknormaler Chorist bist du! Wenn jemand schon Kalliorexi heißt …« Unter den anderen Schauspielern erhob sich Gelächter, doch den Protagonisten sah man die Anspannung an. »Jetzt einigt euch endlich! Sonst gehen die Zuschauer nach Hause. Oder noch schlimmer – sie verprügeln uns.«

»So schlimm wie bei Marathon wird es schon nicht werden, du Memme!«

Es schien ein lange schwelender Konflikt zwischen dem Chor und den Hauptdarstellern aufzulodern. Die einen hatten es satt, immer nur zu kommentieren, was die Heldinnen und Helden auf offener Szene gerade gesagt oder angestellt hatten, die anderen hatten genug von diesem trägen Haufen, der mit seinen Deutungen den Fortgang der Handlung oft nur behinderte.

»Schluss jetzt mit dem Gequassel!« Aristophanes hatte die Schnauze gestrichen voll. »Wenn ihr nicht gleich auf die Szene tretet, dann trete ich euch in den Hintern, dass man euch für die Aphrodite Kallipygos selbst halten wird! Ich bestimme jetzt einfach den jungen Tachyseus zur Koryphäe. Der kann den Text wenigstens behalten, seine Stimme ist laut genug, und er kann euch Sauhaufen von einem Chor würdig anführen. Kein Wort mehr! Lysistrate, raus mit dir, damit die Zuschauer endlich was zu sehen haben!«

Tja, nicht jeder hat das Zeug dafür, *eine Koryphäe zu sein*. Die Wendung kommt vom altgriechischen Wort »koryphe«, das so viel wie »Spitze« oder »Hauptsache« bedeutet und woraus sich »koryphaios« entwickelte, das »Haupt«, »Erster« und »Anführer« hieß. Das wurde in aller Welt bekannt, weil man es auf den Chorführer der griechischen Tragödie übertragen hatte. Dieser stach aus der Masse der Chormitglieder heraus, wie ein Gipfel aus einer Ebene ragt oder eben eine Koryphäe aus der Menge durchschnittlicher Kollegen.

Ein kleiner Fisch ist besser als eine große Küchenschabe.
Russisches Sprichwort

Ganz egal

Dachdecker sind jedes Mal sauer, wenn der blöde Spruch fällt. Aber was können sie schon dagegen machen? Nichts. Sie sollten es lieber locker nehmen oder gleich *halten wie ein Dachdecker.*

Diese Wendung soll entstanden sein, weil die Dachdecker in großer Höhe unbeobachtet arbeiten konnten, also wie und wann sie wollten, was so klingt, als wollte man sie als faules Gesindel abstempeln.

Deshalb protestiert die Dachdeckerinnung seit langem gegen diese Erklärung. Sie meint stattdessen, die Redensart komme aus mittelalterlichen Zeiten, als es in den meisten Städten keine eigenen Dachdeckerzünfte gab. Dachdecker hätten deswegen frei wählen können, in welcher Handwerksvereinigung sie Mitglied werden wollten. Daher komme die Bedeutung »etwas ganz nach Belieben tun«. Ich halte es eher mit der Erklärung, dass der Volksmund die Redensart geprägt hat, zumal sie immer umgangssprachlich verwendet wird. Dachdecker bleiben trotzdem ehrenwerte Leute, deren Tätigkeit oft sinnbildlich verstanden und sogar mit der des lieben Gottes verglichen wurde: Der decke nämlich die Fehler und Sünden der Menschen mit seiner Barmherzigkeit zu wie die Dachdecker die offenen Stellen der Häuser.

Der Hieb kam zu überraschend, um ihn zu parieren! Sir Reginald rettete sich im letzten Augenblick mit einem Ausfallschritt. Doch dann stolperte er und fiel auf den Rücken – das Schwert zwar noch in der Hand, nun aber auf Gedeih und Verderb Sir Fitzwilliam ausgeliefert. Der atmete so schwer wie sein am Boden liegender Gegner und hielt inne, seine Waffe auf Sir Reginalds Brust gerichtet. Keiner der Umstehenden wagte einen Laut. Jetzt *stand es Spitz auf Knopf.*

Zwar waren die beiden zerstritten, doch hatten sie so wacker gefochten, dass man im Lande noch lange davon reden würde. Sir Fitzwilliam rührte sich als Erster aus der Erstarrung, Sir Reginald sah es genau und hob zu verzweifelter Abwehr sein Schwert, doch es kam anders als befürchtet: Sein Gegner drehte seine Waffe, fasste sie bei der Klinge, so dass die Spitze zu seiner Brust, aber der Knopf, der dicke Knauf am Ende des Griffs, auf den Gestrauchelten zeigte. Da erhob sich großer Jubel, denn dieses Zeichen für das Ende des Kampfes kannten alle. Die Ritter ließen ihre Schwerter sinken, Sir Fitzwilliam half Sir Reginald auf und sagte: »Ihr seid ein würdiger Streiter!«

»Und Ihr ein würdiger Vertreter ritterlicher Tugenden!«

»Den Streit wollen wir dem König zur Entscheidung vorlegen und uns seinem Schiedsspruch beugen.«

»So sei es!« Einträchtig verließen sie den Kampfplatz und hofften, es werde nicht so bald wieder zu einer derart lebenswichtigen Entscheidung kommen: Spitz oder Knopf.

Märchenhaft

Die Komposition eines Gedichtbands stellte ich mir immer als sehr komplizierte Angelegenheit vor, dann aber hörte ich von einer einfacheren Variante. Der Dichter Uwe Kolbe erzählte, zu DDR-Zeiten sei man bei einem seiner Lyrikbände einfach nach dem *Aschenputtelprinzip* verfahren. Im Märchen weist ja Aschenputtel die Täubchen an, ihr beim Sortieren der Linsen zu helfen, und sagt: »Die guten ins Töpfchen, die schlechten ins Kröpfchen.« Und genauso sei man, erzählte Kolbe, im Lektorat seines damaligen Verlags vorgegangen: Das politisch Störende und Heikle sei ins Kröpfchen gekommen, also als Ausschuss behandelt worden, das Übrige ins Töpfchen , also in den Gedichtband.

Wilde Tänzer

Wenn jemand eine flotte Sohle aufs Parkett legt, ein richtiger Eintänzer ist, dann lobt man ihn mit der alten, aber immer noch erstaunlich verbreiteten Redewendung *wie der Lump am Stecken tanzen*. Sie bezieht sich auf die Vogelscheuchen auf dem Feld, die mit Lumpen menschenähnlich gekleidet waren, womit die Bezeichnung »Lump« für sie sogar doppelt passt: Der Wind lässt ihre zerfetzte Kleidung flattern, und manche Vogelscheuche ist sogar drehbar gelagert, so dass sie mit dem Wind gleichsam tanzen kann. Da sie aber lediglich ein Spiel der Lüfte ist, dazu nur scheinbar ein Mensch und sich ohne Regel und wild bewegt, kann die Redensart genauso als Spott und Schimpfwort verwendet werden für hektische Menschen oder für heruntergekommene Opportunisten, die Mächtigen nur als Spielball dienen.

Ein winziges Wort kann ein Donnerschlag sein.
Französisches Sprichwort

Das fünfte Element

Eigentlich gibt es ja seit alter Zeit nur vier Elemente: Feuer, Wasser, Luft und Erde. Doch schon früh vermutete man die Existenz eines weiteren. Aristoteles nannte es Äther, meinte damit aber die Materie der festen Sphären, an denen die Himmelskörper befestigt wären. In der frühen Neuzeit erkannte man, dass diese Vorstellung nicht stimmen konnte, und glaubte stattdessen an eine Art Fluidum, das die mechanischen Wirkungen zwischen den Sternen übertrage. Wenig später ging man so weit, den Äther als besonders feinen, alle Materie durchdringenden und erfüllenden Stoff zu verstehen.

Dieses wunderbare Element nannte schon die Antike »quinta essentia«, also »das fünfte Wesen«. Manche sahen in ihm eine Art lebensspendende Energie, Paracelsus glaubte sogar, den Stoff aus den vier anderen Elementen extrahieren zu können. Die Sache selbst ebenso wie das Wort blieben geheimnisumwoben. Und so konnte aus der Alchemie heraus der Begriff der *Quintessenz* seinen Siegeszug in den Alltag antreten, wo man ihn in der Bedeutung »der Extrakt«, »das letzte Ergebnis«, »der Kern« oder »das Konzentrat« einer Sache verwendete.

Ohne Lärm nichts los

Wenn einer unbescheiden und mit deutlichen Worten seine Sache vertritt, dann behauptet er schon mal: *Klappern gehört zum Handwerk!* Warum eigentlich? Jemand, der für etwas wirbt, ist doch keine Klapperschlange. Jahrelang nannte ich für die Wendung eine schöne Erklärung, die ich in einem Sprichwörterbuch gelesen hatte: Handwerker, die Waren auf dem Markt feilboten, hätten mit Klappern auf sich und ihre Auslagen aufmerksam gemacht. Doch erstens verkauften Handwerker ihre Erzeugnisse nicht unbedingt auf dem Markt, weshalb die Herkunft der Redensart aus diesem Kontext zweifelhaft war, und zweitens wurden Holzklappern seit dem Mittelalter vor allem von Aussätzigen verwendet, um damit ihr Kommen warnend anzuzeigen.

Tatsächlich steckt das Müllerhandwerk hinter der Wendung, wie es schon das Lied »Es klappert die Mühle am rauschenden Bach« nahelegt. Gewaltig laut arbeitete das Mahlwerk, so dass man es weit hörte und drinnen in der Mühle kaum sein eigenes Wort verstand. Dazu gab es viele Sprichwörter: *Wer in der Mühle Flöte bläst, verschwendet seinen Atem.* Und: *In der Mühle sagt man's zweimal.* Wenn jemand sich eines *Müllerschlafs* erfreute, träumte er selbst bei Höllenlärm.

Man musste als Müller das Klappern und Ächzen, das Quietschen und Knarzen einfach hinnehmen, schließlich verdiente man mit dem Krach seinen Lebensunterhalt. Und so wusste eine weitere Redensart: *Wer mahlen will, muss auch das Klappern dulden.*

Kindersegen

Papageno hat genug von allem. Er ist allein. Er hat kein Weibchen mehr, denn er verplauderte sich, und damit verschwand seine angehimmelte Papagena. Alles Rufen und Locken mit dem Pfeifchen ist vergebens. Also beschließt er, sich umzubringen. Noch einmal gibt er der Vorsehung eine Chance und zählt bis drei. Wenn ihm bis zur letzten Zahl kein schönes Mädchen erscheint, dann will er sich aufhängen. Obwohl er langsam zählt, verhallt »drei« ungehört, wie es scheint. Doch dann erscheinen drei seltsame Knaben und erinnern ihn daran, dass er ja ein Zauberglockenspiel besitzt – und das, obwohl Mozarts Oper »Die Zauberflöte« heißt. Papageno spielt, die drei Knaben holen Papagena, und es beginnt eines der rührendsten und zugleich komischsten Duette der Operngeschichte, in dem die beiden nach kurzen Liebesschwüren lange von der Freude, viele Kinder zu haben, singen: »Es ist *das höchste der Gefühle*, wenn viele, viele, viele, Pa, pa, pa, pa, pa, pa, geno Pa, pa, pa, pa, pa, pa, gena der Eltern Segen werden sein.«

Wahrscheinlich gab es den Ausdruck »das höchste der Gefühle« schon vorher, doch mit dieser herrlichen Arie wurde er zum geflügelten Wort. Er emanzipierte sich rasend schnell von der Freude über den Kindersegen und diente einerseits dazu, die Liebe zu kennzeichnen, andererseits ironisch das Maximum von etwas zu charakterisieren, von dem man keinesfalls mehr haben möchte oder von dem jemand nur wenig zu geben bereit ist. Papageno und Papagena jedenfalls haben »das höchste der Gefühle« mit vier Kindern noch nicht erreicht.

Zeit, die Sichel zu schärfen, ist nicht vergeudet.
Irisches Sprichwort

Schlicht unerhört

Das christliche Abendland ist ohne die Kirche kaum vorstellbar. Selbst der kleinste Weiler hatte eine Kapelle, ein Dörflein schon eine Kirche, ein Städtchen mindestens drei bis vier. Dorf und Kirche, das war eine untrennbare Einheit. Sie aus ihm entfernen zu wollen konnte nur Kopfschütteln hervorrufen.

So entstand im Deutschen die Redensart, mit der man vor allem Situationen kommentiert, in denen jemand etwas geradezu Absurdes, Unerhörtes oder Undenkbares äußert. Dann sagt man: »*Nu lass mal die Kirche im Dorf!*«

Flying Circus

Igor griff noch einmal in die Schale mit Magnesia. Sorgfältig verteilte er das weiße Pulver. Dabei hatte er keinerlei Handschweiß zu trocknen, es ging nur darum, die Spannung im Publikum noch weiter ansteigen zu lassen. Dazu wirkten die üblichen Mittel nach wie vor am besten: der plötzliche Abbruch der Musik, der unendlich scheinende Trommelwirbel, das Hin- und Herschwingen seines Trapezpartners mit fangbereiten Armen – und alles zwölf Meter über der Manege. Dann das Ritual mit dem Händeeinreiben und das Verbinden der Augen. Zuletzt der Sprung ins Leere. Ein Schrei erscholl, der gleich darauf in erleichterten Jubel umschlug. Denn Igor hatte nach schrecklichem Blindflug Sergejs Arme gefunden. Was für eine Luftnummer!

Tatsächlich stammt die verächtliche Redewendung *das ist nur eine Luftnummer* aus dem Zirkusmilieu. Im Gegensatz zur Bodenakrobatik fanden diese Nummern eben in der Luft statt. Der Fachbegriff der Zirkuswelt veränderte sich bei der Übertragung in den Alltag. Jetzt kam er unter den Einfluss des Wortes »Luftbuchung«, also des buchhalterischen Tricks, Geld zwischen Konten zu verschieben, ohne dass tatsächlich Geschäfte getätigt würden. Deshalb erklärte man nun auch die Luftnummer zu einer nicht greifbaren Sache, zu einem Taschenspielertrick oder einer fehlgeschlagenen Aktion, ähnlich dem Schlag ins Wasser.

Auch Zwerge haben klein angefangen.
Werner Herzog

Die Kleinsten werden die Größten sein

Die eifrige Verkäuferin wollte mir neben den neuen Schuhen noch ein Imprägniermittel aufschwatzen. Für meinen Hinweis, dass normales Lederfett wasserabweisend genug sei, hatte sie nur Unverständnis übrig: »Aber wir haben doch das neue Nanospray!«

Die Lust am »Nano« ist etwas lächerlich, verwendet man es doch oft kenntnislos als eine Art Steigerung und Ausweis der Modernität. Spräche man von »Zwergtechnologie«, klänge es weniger toll. Nichts anderes heißt das griechische Wort »Nanos«, das mit dem Nanometer Karriere machte: einem Millionstel Millimeter.

Nun, die alten Römer sagten schon *Kleinvieh macht auch Mist*, produziert also nützlichen Dünger und ist deshalb nicht zu verachten. Aber wenn die Dinge zu winzig und wertlos werden, handelt es sich nur noch um *Kinkerlitzchen*, die von den französischen Kurzwaren kommen. Die hießen »quincaille« und wurden hierzulande im 18. Jahrhundert redensartlich: Man hängte an das Wort, um die Winzigkeit der Nichtigkeit zu betonen, die unbedeutender noch als Knöpfe, Flicken, Faden oder Nähnadeln war, gleich zwei Verkleinerungssilben an, »-litz« und »-chen«.

Kurzwaren, die so heißen, weil »kurz« auch »klein« bedeuten konnte, und Stoffreste, die nicht einmal mit der Elle gemessen wurden, also wenig Wert hatten, gehörten zum Kleinkram. Krämer, wenn es sie denn außerhalb des Märchens noch gäbe, sollten sich über die abschätzige Bedeutung des Wortes nicht ärgern, denn im Althochdeutschen heißt »cram« eigentlich nur »Marktbude«. Im Gegensatz zum stationären Handel wirkten die Verkaufsstände allerdings weniger repräsentativ, und die dort feilgebotenen Waren hielt man für minderwertig: Fertig war der Kram als Bezeichnung für Minderware, die nicht genau beachtet wurde, weshalb man das Wort für unspezifische Sachen oder Dinge gebrauchen konnte. Deshalb *schmeißt man den Kram hin*, denn wer einer Aufgabe überdrüssig ist, der wirft das nur noch als überflüssig Empfundene von sich – frei nach dem Motto des letzten sächsischen Königs bei der Abdankung: *Macht doch eiern Dreck alleene!*

X. Surprise, Surprise!

Was uns spanisch vorkommt

Im schönen Vicenza durfte ich einmal italienische Abiturienten in deutscher Literatur unterrichten. Man hatte sich Auskunft über einige unserer herausragenden Autoren gewünscht: Günter Eich, Brecht, Rilke und Kafka. So gern man dort deutsche Literatur liest, hat die Sprache in Italien doch insgesamt einen etwas zweifelhaften Ruf, den man an der Redensart *Mi sembra tedesco* erkennen kann, was übersetzt heißt: »Das kommt mir deutsch vor.« Über Jahrhunderte erschien den Italienern unsere Sprache so fremd, dass sie damit einfach alles Unverständliche bezeichneten. Und bevor wir uns über diese Gemeinheit aufregen, sollte man bedenken, dass wir hierzulande öfter hören: »*Du redest Chinesisch!*« oder »Das ist bloß *Kauderwelsch.*« Uns kommt es selbstverständlich vor, dass nur wenige Deutsche die Sprache aus dem Reich der Mitte beherrschen, klar. Aber wer sind die Kauderwelschen?

Schon die Germanen fremdelten bei Fremdsprachen, weshalb sie Unverständliches nach einem alten Stamm der Kelten namens »Walh« nannten. Sprachen, die man nicht verstand, hießen im Althochdeutschen »walhisc«, woraus als – abschätzige – Bezeichnung für die romanischen Völker »welsch« wurde. »Kaudern« aber, das taten »welsche« Händler auch in deutschen Regionen, es ist ein altes Wort für »hausieren«. Redeten diese ausländischen Händler untereinander, verstand man nichts von dem Welsch der Kauder.

Aber selbst ihr Deutsch war kaum einfacher zu entschlüsseln, denn sie konnten meistens nur radebrechen, als kämen sie aus den *böhmischen Dörfern*. Diese wiederum wurden zum Inbegriff der Unverständlichkeit, weil viele von ihnen tschechische Ortsnamen trugen, was die Deutschen sich nur schwer merken wollten oder konnten. Außerdem wurden im Dreißigjährigen Krieg fast alle Dörfer dieser Gegend zerstört, so dass jedes übriggebliebene eine Überraschung war. Diese Bedeutung verlor sich jedoch im Lauf der Zeit.

Zwar kommt Franz Kafka nicht aus einem böhmischen Dorf, sondern aus Prag, aber seine Literatur bleibt manchem bis heute schwer verständlich. Dabei schrieb er nur über unsere immer absurdere Alltagswelt, und dies in entsprechender Form, so dass seine literarischen Texte eine produktive Verwirrung beim Leser bewirken. Wie gut es ihm gelungen ist, kann man daran erkennen, dass Kafka es geschafft hat, in den deutschen Wortschatz mit einem Eigenschaftswort aufgenommen zu werden, das die unmenschliche Unverständlichkeit der modernen Welt ideal beschreibt: *kafkaesk*. Und das kannten die Schüler in Vicenza auch: aus ihrer Muttersprache und ihrem Alltag.

> *Der Zufall würzt das Leben.*
> Französisches Sprichwort

Schwer auf Zack

Berlin in den Zwanzigern des vorigen Jahrhunderts. Ein amerikanischer Millionär ist im Hotel eingetroffen und sucht für die Vermarktung eines seiner Produkte nach einem Werbeexperten. Kurze Zeit später meldet sich ein erfahrener Fachmann, der die Kampagne für den Millionär übernehmen will, doch da klingelt es an der Hotelsuite. Vor der Tür stehen zwei Angestellte des Hauses, die eine große Kiste schleppen. Es handelt sich um Post für den Millionär. Nachdem er die beiden mit einem Trinkgeld verabschiedet hat, hebt er neugierig den Deckel – und plötzlich springt ein Junge aus der Kiste. Es ist Kai. Er bietet dem Millionär ebenfalls seine Dienste als Werbefachmann an. Natürlich wäre er nie zu ihm vorgelassen worden, weshalb er diesen originellen Weg wählen musste.

Wer wissen will, wie die Geschichte weitergeht, muss Wolf Durians Kinderbuch »Kai aus der Kiste« lesen. Es erschien erstmals 1927 und schildert erstaunlich zeitlos, wie Kai tatsächlich seine Chance als Werbeexperte bekommt.

Das Buch war sehr beliebt, erlebte immer neue Auflagen und 1988 noch eine Verfilmung in der DDR. Überraschender noch als ein Schachtelteufel wirkt es, wenn aus einer Kiste ein Junge steigt, weshalb sich die Wendung wunderbar eignete, Dinge oder Menschen zu bezeichnen, die plötzlich auftauchen. Und so sagt man in solchen Momenten in vielen Gegenden heute noch: *wie Kai aus der Kiste.*

Über den Wolken

Im Englischen sagt man von Leuten, die zu luftige Vorstellungen haben: *Their head is in the clouds.* Wenn jemand in Deutschland unpraktikable Ideen hat, gehen wir noch einen Schritt weiter und sagen, er lebe wohl in *Wolkenkuckucksheim.* Aber wieso um alles in der Welt hausen die Kuckucke im Himmel? Und was hat das mit nebulösen Gedanken oder weltfremden Ideen zu tun?

Arthur Schopenhauer ist schuld und vor ihm noch Aristophanes. Der schrieb nämlich im antiken Griechenland satirisch-politische Komödien am laufenden Band: hochaktuelle Zeitstücke, bissig und sehr provozierend. Eines davon heißt »Die Vögel«. Darin wollen die gefiederten Gesellen einen eigenen Staat gründen, den sie »Nephelokokkygia« nennen. »Nephele« heißt »Wolke«, »kokkygos« Kuckuck und »ia« ist die Endung, die anzeigt, dass es sich um einen Ort oder ein Land handelt. Unter Gebildeten war die Komödie bekannt, der Ausdruck ebenso. Gebräuchlich wurde er aber erst, als Arthur Schopenhauer ihn mit »Wolkenkuckucksheim« übersetzte. Diese Bezeichnung für eine Heimstatt der Vögel leuchtete ein, und weil es sich im Drama um eine Utopie handelte, wurde die Wendung gebräuchlich, um das Denken in Luftschlössern zu bezeichnen.

Besser aus dem Hut gezaubert als in der
Versenkung verschwunden.

Anti-Sprichwort

Kein Herz für Tiere

Im Straßenbild der Dörfer, Städtchen und Städte waren sie vor hundert Jahren noch allgegenwärtig: die Pferde. Deshalb wusste man so einiges über das schöne und nützliche Tier, beispielsweise, dass es, selbst wenn es ihm schlechtgeht, sich – aus rein anatomischen Gründen – nicht übergeben kann.

Genau darauf bezieht sich die Wendung: *Man hat schon Pferde kotzen sehen.* Die Formel drückt Ungläubigkeit aus, da das ja niemand gesehen haben konnte, oder beschreibt etwas, von dem man annimmt, dass es auf keinen Fall eintreten wird.

Aus Spaß an der Übertreibung steigerte man die Wendung noch, indem man behauptete, das unmögliche Ereignis sei ausgerechnet dort geschehen, wo sich das Pferd ein Mittel gegen die Übelkeit hätte besorgen können: »Man hat schon Pferde vor der Apotheke kotzen sehen.« Die scherzhafte Absicht ist klar, die weitere Ausbaumöglichkeit auch. So sagte mein Vater: »Man hat schon grüne Pferde vor der Apotheke kotzen sehen.« Die Farbe bezog sich auf die Verfärbung bei Übelkeit und die Unmöglichkeit eines grünen Pferdes gleichzeitig.

Überraschungen allerorten

1. *Mein lieber Schwan!* – Der Ausruf geht auf Richard Wagners Oper »Lohengrin« zurück, in der der gleichnamige Ritter in einem Nachen auf die Opernbühne gefahren kommt, den ein Schwan zieht. Er will Elsa von Brabant retten, was auch gelingt. Die beiden verstehen sich gut – Elsa von Brabant und Lohengrin zwar nur kurz, dafür der Schwan und Lohengrin um so länger. Um sich für die Fahrt zu bedanken, sagt der Ritter zum Schwan: »Nun sei bedankt, mein lieber Schwan.« Dieser Vogeldank wurde oft spaßhaft zitiert und damit zum geflügelten Wort, bis man vergaß, woher er stammte. Die Anerkennung aber blieb mit ihm verbunden.

2. *Mein lieber Scholli!* – Früher meinte man damit jemanden, der ein wenig albern war. Die Wendung geht auf Ferdinand Joly zurück, der von 1765 bis 1823 lebte und – warum auch immer – 1783 der Salzburger Universität verwiesen wurde. Als »der ausgejagte Student von Salzburg« zog er daraufhin durch die Lande und wurde mit seinen Liedern, Stücken und Gedichten bekannt. Das einfache Volk fand ihn so komisch, dass er zu einer Figur des Volksschauspiels und sprichwörtlich werden konnte.

3. *Mein lieber Herr Gesangverein* – Wegen der Forderung in der Bibel, den Namen Gottes nicht unnötig zu gebrauchen, entwickelten sich viele verhüllende Varianten der verbreiteten Formeln »Ach Gott!«, »Mein lieber Gott!«, »Herrgott noch mal!« und »Mein lieber Herr!«. Man fluchte lieber »Heiliger Strohsack« statt »Heiliger Geist« oder »Sackzement« statt »Sakrament«. Um sein Erstaunen auszudrücken, sagte man auch »Meine Herren!«, und wenn man dabei nach Zustimmung suchend um sich blickte, konnte das *Mein lieber Herr Gesangverein* ergeben. Schließlich war im 19. Jahrhundert, als der Spruch entstand, der Gesangver-

ein, vor allem der Männergesangverein, die bürgerliche Institution schlechthin. Es ging also um viele Herren und um die unauffällige Anrufung des Herrn, wenn man damit seine Überraschung kundtat.

4. *Mein lieber Freund und Kupferstecher!* – Leider weiß man über die Herkunft dieser Redensart nichts Genaues. Es hieß, der Dichter Friedrich Rückert (1788–1866), der mit einem Kupferstecher befreundet war, habe sie in die Welt gesetzt, doch ist sie älter. Als besondere Form der Anrede kann sie sowohl lobend wie kritisch gemeint sein, was die Erklärung weiter erschwert. Statt des »Kupferstechers« setzt man manchmal andere Namen oder Bezeichnungen ein, beispielsweise »Krokoschinsky«, was noch unverständlicher ist.

5. *Holla die Waldfee! / Husch, husch, die Waldfee!* – Manche erklären den Ausruf wenig überzeugend mit Skatsprüchen. Da liegt es schon näher, an Frau Holle zu denken. Schon vor dem Märchen war sie als Herrin der Dämonen bekannt und trieb sich durchaus im Wald herum. Man könnte es also mit ihrem leicht verballhornten Namen zu tun haben. Oder spielt der Holunder hinein, der ja im Süden »Holler« heißt? Wahrscheinlich ist es viel einfacher. Im Märchen kommt es im Wald immer wieder zu überraschenden Begegnungen mit guten oder bösen Mächten, beispielsweise in »Hänsel und Gretel«, »Schneeweißchen und Rosenrot« oder im »Eisenhans«. Da bot sich die Fee im Wald geradezu an, um Erstaunen, sei es positiv oder negativ, zu formulieren.

6. *Ei der Daus!* – Wieder wird mit diesem Ausdruck etwas verhüllt. Diesmal ist es der Teufel, den man bei dem Ausruf oder Fluch nicht nennen will, da man befürchtet, ihn dadurch herbeizurufen. Statt »Zum Teufel!« sagte man also »Zum Kuckuck!«, »Zum Geier!« oder eben »Ei der Daus!«, womit man sich auf das mittellateinische Wort »dusius« bezog, das »Dämon« bedeutete.

7. *Das ist ja der Hammer!* – Hier wählt man einfach den Ver-
   ursacher statt der Wirkung, die auch hinter Wendungen
   wie *mich trifft der Schlag* steckt. Je größer der Hammer,
   umso härter und wirkungsvoller der Schlag. Erst ein negativer Ausdruck, verwendet man ihn heute wahlweise als
   Kritik oder Lob.

8. *Jetzt ist Polen aber offen!* – Ab dem späten Mittelalter eine
   der Großmächte Europas, zerfiel das polnische Reich seit
   dem 17. Jahrhundert wieder. Das lag vor allem an den
   untereinander streitenden Adelssippen, die das Land von
   innen schwächten. Jetzt war »Polen offen« jeder fremdlän-
   dischen Invasion und jeder Willkür gegenüber. Tatsächlich
   rissen sich große Mächte immer wieder Teile des Landes
   unter den Nagel, bis Polen schließlich für mehr als ein Jahrhundert praktisch von der Landkarte verschwand.
   In diesem Sinne entwickelte sich spätestens im 18. Jahrhundert die empörte Redensart, um auszudrücken, dass nun
   offensichtlich alles möglich sei.

Nazi oder nicht Nazi

Auch Redensarten und Sprichwörter können eine unangenehme
braune Vergangenheit haben. Deswegen kann es unter Umständen nötig sein, auch die Sprache zu »entnazifizieren«. Dolf Stern-
berger, Gerhard Storz und Wilhelm E. Süskind versuchten das
mit ihrer 1957 veröffentlichten Sammlung »Aus dem Wörter-
buch des Unmenschen«.

Um Ausdrücke wie »Mutterkreuz« – ein NS-Orden für Ge-
bärfreudige – ist es nicht schade, genauso wenig um den »Block-
wart«, quasi eine üble Variante des Hausmeisters, der als Spitzel
und Aufpasser im Sinne der nationalsozialistischen Führung
agierte. Die Bezeichnung wird zum Glück nur noch selten, dazu

ausschließlich negativ benutzt. Seltsamer ist es schon bei Wörtern wie »betreuen« – angeblich werde ein Mensch damit entmenschlicht, indem man ihm seine Autonomie nimmt, er wird ja betreut, hat Betreuung wohl nötig, ist also unselbständig.

Es ist nie verkehrt, seine Sprache bewusst einzusetzen und sich für ihre Wurzeln zu interessieren, und man kann dabei immer wieder Überraschungen erleben. So verdammten in den letzten Jahrzehnten kritische Stimmen den Slogan: *Die Polizei – Dein Freund und Helfer*, weil der angeblich ein Nazi-Ausdruck sei. Doch der preußische Minister Carl Severing hatte den Leitspruch für ein neues Image der Polizei schon 1926 entwickelt: »Bitte treten Sie näher, die Polizei – Dein Freund und Helfer«. Aus dem kaiserlichen Gendarmen, der auf Amtsautorität peinlich genau achtete, sollte der republikanische Schutzmann werden, der im Dienst des Bürgers stand. Von einer Nazi-Erfindung, wie man oft liest, kann also keine Rede sein.

Bei der *Nacht-und-Nebel-Aktion* dagegen ist es anders, wobei die Reimformel »Nacht und Nebel« selbst älter ist. Man sprach gerade in Verbindung mit Diebestaten oder heimlichen Fluchten lange vor den Nazis davon, dass sie »bei Nacht und Nebel« geschähen. Die Ergänzung mit »Aktion« – einem Zentralwort des Faschismus – nahm der Redewendung dann die Unschuld. Üble Berühmtheit erlangte sie durch Adolf Hitlers Befehl vom 7. Dezember 1941, Staatsfeinde in einer »Nacht-und-Nebel-Aktion« aus besetzten Gebieten zu entführen und in deutsche KZs zu bringen. Diese Gefangenen nannte man im internen Jargon »NN-Häftlinge«, ja man kennzeichnete sie sogar durch ein auf der Kleidung aufgenähtes »NN«-Schildchen. In völliger Abschottung gehalten, wusste niemand etwas über ihren Verbleib. In den Nürnberger Kriegsverbrecher-Prozessen kam die Sache ans Licht, und damit verbreitete sich die Redensart.

Dennoch fände ich es seltsam, wenn man in Wörterbüchern hinter solchen Ausdrücken ein rotes »NS« schriebe, wie eine Verbotstafel. Eine vorschriftswütige Sprachpolitik erreicht oft das Gegenteil dessen, was sie beabsichtigt. Besser ist es, die allgemeine Sprachsensibilität zu verbessern, mehr Wert auf seine Formulierungen zu legen und immer wieder den Wörtern auf den Grund zu gehen, um sich überraschen zu lassen.

Die Strafe ist ein Krüppel, aber sie kommt an.
Spanisches Sprichwort

Ohne abzusteigen

Der Wächter gab das Signal. Zum Glück war es nicht die Feuerwarnung. Er blies diesmal nur zur Versammlung der Dorfbewohner. Rasch liefen sie zum Marktplatz und mussten nicht lange raten, warum man sie hergeholt hatte. Ein Bote ritt nämlich in vollem Galopp auf sie zu. Kaum konnten sie rechtzeitig eine Gasse öffnen, durch die er bis zum Zentrum des Platzes kam. Eilfertig hielt ihm einer die Zügel, ein anderer wollte ihm hinabhelfen, da wies ihn der Reiter barsch zurück und stellte sich in die Steigbügel.

»Höret!« Er rief es dreimal, bis wirklich alles um ihn herum schwieg. »Hiermit geb ich kund und zu wissen, dass auf den nächsten Sonntag drei Fuder Holz zum Schloss seiner Exzellenz des Fürsten zu bringen sind. Sputet euch! So wie ich!« Und damit wendete er das Pferd und ritt davon. »Der ist ja nicht mal aus dem Sattel gekommen!«, sagte Schuster Sachs. »Na, die jungen Leute!«, erwiderte der Dorfälteste. »Machen alles in größter Hast und immer *aus dem Stegreif*. Es wird ihnen aber nicht bekommen!«

Tatsächlich kommt der Ausdruck »aus dem Stegreif« von abgehetzten Reitern, die, ohne auch nur kurz vom Pferd zu steigen, etwas erledigten. Statt »Steigbügel« sagte man nämlich bis weit ins 18. Jahrhundert hinein »Stegreif«, also »Ring zum Besteigen (des Pferds)«. Hundert Jahre zuvor verwendete man diesen schon als sprichwörtliche Redensart, mit der etwas Plötzliches, auch Spontanes und Unvorbereitetes bezeichnet wurde. So konnte man von Stegreifdichtung oder Stegreifreden sprechen. Es gehörte zum geselligen Spiel der Bürger, ein Gedicht oder eine Ansprache *aus dem Ärmel zu schütteln*. Im 20. Jahrhundert plagte der Begriff vor allem die Schüler, die Stegreifaufgaben zu schreiben hatten, also überraschende schriftliche Prüfungen, die außerdem Extemporalen – also »aus dem Augenblick heraus« – hießen oder kurz: Ex.

Die Ärmel-Redensart hängt mit den Gauklern und Falschspielern zusammen, welche die Mode eines Rocks mit weiten Ärmeln nutzten, um daraus überraschend Trümpfe oder andere hilfreiche Dinge hervorzuzaubern. Vielleicht liegt es aber auch an den Geistlichen, die ebenfalls Gewänder mit weiten Ärmeln trugen. Zu ihrer Ausbildung gehörte es, aus dem Stegreif Predigten halten zu können, sie gleichsam »aus dem Ärmel zu schütteln«.

Galgenhumor

Es ist eine schlimme Überraschung, wenn nach dem Winter die Kleidung ausgemottet wird, in die sich trotz Vorsichtsmaßnahmen die Motten eingenistet haben. Dieser unschöne Moment stand sicher Pate für die Redensart *Da kriegst die Motten!* Daneben gibt es aber noch eine Erklärung mit ernsterem Hintergrund: Im Rotwelschen bezeichnete man die Erkrankung an Lungentuberkulose auch als »die Motten kriegen«, weil die Lunge gleichsam wie Kleidung durchlöchert wurde. Mit schweren Krankheiten, auch der Pest, verknüpfte man gern Redensarten und Sprichwörter. Um es allgemein verständlich zu formulieren, müsste man heute also sagen: »Da kriegste TBC!«

So unauffällig wie eine Tarantel auf einer Cremetorte.
Raymond Chandler

144

Ohnmachtsblüten

Wenn man vor etwas Angst hat, unsicher ist, fast einer Ohnmacht nah, dann kann man sagen: *Mir ist so blümerant / plümerant!* Blüht da jemandem was? Nö! Der hugenottische Einfluss in preußischen, besonders in Berliner Landen macht sich in dem Ausdruck bemerkbar. Das Ausgangswort hieß »bleu mourant« und bezeichnete unsere Farbe »blassblau«. Die wurde im 17. Jahrhundert so beliebt, dass sie schon nervte. Die Berliner, immer zu Spaß und Spott aufgelegt, machten aus der französischen Wendung – durch den Wolf der Umgangssprache gedreht – eine Äußerung zum Körpergefühl, da man die Blässe dessen, der sich schlecht fühlte, mit dem Modewort noch blasser machte. Das lag doppelt nahe, müsste man »bleu mourant« ja mit »sterbensblau« übersetzen, was unserem »sterbenselend« wiederum sehr nahe war.

Man geht bedeckt

Heute trägt man wieder häufiger Hüte, Kappen und Schirmmützen. Das ist auch gut so, denn das schützt vor gefährlichen UV-Strahlen, und außerdem entweicht die meiste Wärme über unseren Kopf, den wir besser »in Hut halten«, also schützen sollten. Indirekt hängen *auf der Hut sein* und der Hut tatsächlich zusammen, denn beides geht auf ähnliche, indogermanische Wurzeln zurück, die beide mit Schutz zu tun haben. Im Mittelhochdeutschen bedeutet dann »huot« auch »Aufsicht« oder Fürsorge«, wovon wiederum »hüten« kommt. Wer aber etwas schützt, ob es sein Haupt, seine Herde oder sein Heer sein mag, der ist auf der Hut.

Das ist ein mutiger Vogel, der sein Nest im Katzenohr baut.
Hindi-Sprichwort

145

Von Menschen und Vögeln

Sehr beliebt ist es seit Jahrhunderten, Menschen mit Vögeln zu vergleichen, man denke nur an die Ausdrücke *jemand ist ein loser, ein schräger, ein seltener Vogel.* Vielleicht lag es daran, dass Menschen manchmal Vögeln glichen, wenn sie Geier- oder Adlernasen besaßen oder ihr Kopf auf einem langen Hals saß, der dem eines Wendehalses ähnelte; jedenfalls in puncto Meinungsänderung. Dann gingen die gefiederten Gesellen auch noch auf zwei Beinen, einige konnten sogar sprechen. Noch wichtiger war freilich die Seele, die man in der Antike als eine Art kleinen Vogel auffasste. Der Aber- und Volksglaube übernahm das, immerhin waren Seele und Wesen der Menschen doch etwas sehr Bewegliches und Flüchtiges. Spätestens da war die Bahn frei für den *Schmutzfink*, den *Dreckspatz* oder den *Galgenvogel*. Mit Letzterem beschimpfte man jemanden nicht etwa als »Krähe« oder »Raben« – Vögel, die typischerweise an den Gehenkten herumhackten –, man meinte damit, dass er selbst bald an den Galgen kommen werde, weil er so durchtrieben sei.

Wenn sich nun ein Gauner immer wieder zu helfen wusste und der Henkersschlinge von Mal zu Mal entkam, war er schon etwas sehr Besonderes, ja eine extreme Seltenheit der Naturgeschichte: wie ein *weißer Rabe* oder ein *weißer Elefant*. Im alten Siam – dem heutigen Thailand – gehörte jeder weiße Elefant von Geburt an dem König und musste zu ihm gebracht werden. Manchmal schenkte der König allerdings jemandem einen weißen Elefanten, um ihn zu strafen. Er hatte ihn nämlich zu pflegen und zu füttern, durfte das königliche Tier jedoch nicht arbeiten lassen. In diesem Sinn einer großen, nutzlosen Bürde, einer Art Klotz am Bein ist der *white elephant* in England redensartlich geworden; ein schönes Beispiel für einen *falschen Freund*. So nennt man in der Sprachwissenschaft Worte in anderen Sprachen, die genauso klingen oder formuliert sind wie die der eigenen Sprache, nur leider etwas völlig anderes bedeuten. Verwenden wir den »white elephant« im Deutschen, denken wir dabei wie beim »weißen Raben« an die Seltenheit – und liegen damit falsch.

Noch seltener als der weiße Rabe ist der wunderlichste Vogel, der gleichwohl in aller Munde ist und als Wappentier manches Politikers, Sportlers oder Finanzmaklers dienen könnte: der Phönix. Von ihm heißt es seit der Antike in vielen Mythen und Märchen, er verbrenne, sterbe, erhebe sich aber wieder verjüngt aus der eigenen Asche. Der spannende Abenteuerfilm »Der Flug des Phönix« spielt mit dem Mythos, wird dort doch ein in der Wüste abgestürztes Flugzeug, das nur noch ein Wrack zu sein scheint, zu einem flugfähigen Gerät umgebaut, das tatsächlich die Überlebenden rettet. Und so sagt man zu Menschen, die in der Versenkung verschwunden waren, plötzlich aber wieder auftauchen: *wie Phönix aus der Asche.*

Letzte Worte

Selbst eine so beliebte Sendung wie die mit der Maus muss einmal enden, doch der Spruch *Aus die Maus!* ist wesentlich älter, und das Tier war früher ganz und gar unbeliebt, geradezu gefürchtet. Die Maus gehörte zu den schlimmsten Nahrungsschädlingen überhaupt. *Da beißt die Maus keinen Faden ab!* Doch warum tut sie das? Es hat mit der heiligen Gertrud von Neville zu tun: Sie ist die Schutzpatronin gegen Ratten und Mäuse, weshalb sie immer mit einer Maus an ihrer Seite abgebildet wird. Ihr Heiligentag, der 17. März, war für die Bauern über Jahrhunderte ein ganz besonderer, er trennte die Winterwerke von der Frühjahrsarbeit. Im Winter beschäftigte man sich vor allem mit häuslichen Arbeiten, zu denen das Weben und Spinnen gehörte. Diese sollten ab dem Gertrudentag aufhören, stattdessen die Feldarbeit beginnen. Merkverse bestärkten darin. So hieß es: »Gertrud mit der Maus treibt die Spinnerinnen aus.« Oder: »Am Gertraudtag lauft die Maus am Rocken hinauf und beißt den Faden ab.« – denn dann ist Schluss mit Weben und Spinnen. Außerhalb des bäuerlichen Zusammenhangs verstand man das alles nicht mehr und wusste nur noch, dass es um eine kategorische Aussage ging, die keine noch so kleine Änderung duldete; nicht einmal etwas so Winziges wie das Abbeißen eines Fadens durch eine Maus.

Schlau waren die Mäuslein und gar nicht so leicht zu fangen und wurden auch deshalb – wie die Ratten – mit dem Teufel in Verbindung gebracht. Wenn man nun also eine Maus trotz ihrer Klugheit zur Strecke gebracht hatte, lag das triumphierend lakonische »Aus die Maus!« auf der Hand. Der Hang des Volksmunds für den Reim kam dazu. Man denke nur an Ausdrücke wie »Borgen bringt Sorgen«, »wie der Herr, so das Gescherr«, »Lass das, ich hass das!«. Der Mäusetod und die Reimliebe zusammen führten dann zum mehr oder weniger ironischen Ausdruck für ein Ende: Ohne Wenn und Aber. Wie hier.

REGISTER

Da Sprichwörter und Redensarten in vielen Varianten vorkommen, sind sie hier unter dem zentralen Wort aufgeführt. »Auf den Hund gekommen sein« findet sich also unter »Hund«, »etwas ausgefressen haben« unter »fressen«.

152

Über den Autor

Rolf-Bernhard Essig, geb. 1963, lebt als Publizist und Literatur-wissenschaftler in Bamberg und lehrt an den Universitäten Bamberg, Samara und Togliatti (Russland). Er schreibt für die wichtigsten deutschen Zeitungen und ist mit seiner Sendung »Migranten des Wortschatzes« beim WDR wöchentlich zu hören. Mit seiner Radiokolumne »Essigs Essenzen« bei Deutschlandradio Kultur etablierte er sich als Sprichwortexperte. 2007 erschienen von ihm u. a.: »Schreiberlust und Dichterfrust. Kleine Gewohnheiten und große Geheimnisse der Schriftsteller«; zusammen mit Gudrun Schury: »Alles über Karl May. Ein Sammelsurium von A bis Z« (Aufbau Taschenbuch); und »Wie die Kuh aufs Eis kam. Wundersames aus der Welt der Worte« (Gustav Kiepenheuer).